Landesdenkmalamt Baden-Württemberg

FundMengen

Mengen im frühen Mittelalter

Begleitheft zur Ausstellung
des Museums für Ur- und Frühgeschichte
Freiburg im Breisgau
13. April bis 17. Juli 1994

Mit Beiträgen von
Christel Bücker, Michael Egger,
Gerhard Fingerlin und Michael Hoeper

Stuttgart 1994

Archäologische Informationen aus Baden-Württemberg. Heft 25.
Herausgegeben vom Landesdenkmalamt Baden-Württemberg.
Archäologische Denkmalpflege

Bezug durch die ,Gesellschaft für Vor- und Frühgeschichte
in Württemberg und Hohenzollern'
Silberburgstraße 193
70178 Stuttgart

Die Deutsche Bibliothek – CIP-Einheitsaufnahme

FundMengen:
Mengen im frühen Mittelalter; Begleitheft zur Ausstellung
des Museums für Ur- und Frühgeschichte,
Freiburg im Breisgau, 13. April bis 17. Juli 1994 /
Landesdenkmalamt Baden-Württemberg.
Mit Beitr. von Christel Bücker ... –
Stuttgart: Ges. für Vor- und Frühgeschichte
in Württemberg und Hohenzollern, 1994
(Archäologische Informationen aus Baden-Württemberg; H. 25)
ISBN 3-927714-20-8
NE: Bücker, Christel; Museum für Ur- und Frühgeschichte
⟨Freiburg, Breisgau⟩; Baden-Württemberg / Landesdenkmalamt; GT

Gesamtherstellung:
Wilhelm Röck, Graphische Betriebe, Weinsberg
Printed in Germany. ISBN 3-927714-20-8
Stuttgart 1994

Vorwort des Herausgebers

Mit der Schrift „FundMengen" legt das Landesdenkmalamt in der Reihe der „Archäologischen Informationen" eine Publikation vor, die in verständlicher Weise für ein breiteres Publikum die Frühgeschichte der Gemarkung Mengen vorstellt.
Das große Gräberfeld der Merowingerzeit, das 1930 entdeckt, 1932/36 und 1973/74 archäologisch erforscht werden mußte, stellt dabei einen zentralen Punkt dar. Die Ergebnisse einer intensiven Betreuung durch die Archäologische Denkmalpflege an der Außenstelle in Freiburg in einer Sonderausstellung im Museum für Ur- und Frühgeschichte der Stadt Freiburg wird Herrn Karl Banghard, M. A., verdankt. Seine Konzeption der Ausstellung fand bei der Leiterin des Museums, Frau Dr. Hilde Hiller, ein offenes Ohr und konnte in diesem Jahr realisiert werden. Damit erfüllt das Museum für Ur- und Frühgeschichte in Freiburg erneut einen ganz wichtigen Auftrag, nämlich die Darstellung landesarchäologischer Forschungen in Sonderausstellungen. Das Museum für Ur- und Frühgeschichte in Freiburg als Schaufenster der Landesarchäologie im südlichen Oberrheingebiet hat damit eine wichtige Funktion bei der Vermittlung von neuesten Forschungsergebnissen der Landesarchäologie, hier ganz besonders der Archäologischen Denkmalpflege im Regierungsbezirk Freiburg. Wir begrüßen es deshalb überaus, daß diese Ausstellung hier in Freiburg gezeigt werden kann.
Die in den Jahren 1932 bis 1936 unter Leitung von Georg Kraft und 1973 und 1974 durch Gerhard Fingerlin durchgeführten Grabungen erbrachten mit 936 Grabnummern den bis jetzt größten ergrabenen merowingerzeitlichen Friedhof unseres Landes. Mengen wurde damit ein zentraler Ort in der frühmittelalterlichen Forschung. Auch wenn bisher die abschließende Publikation noch aussteht, so lassen sich heute schon neue Erkenntnisse für die Siedlungsentwicklung des frühen Mittelalters im Breisgau ermitteln. Die Ergebnisse der mehrfach durchgeführten großen Siedlungsgrabungen im Gewann Löchleacker werden ebenfalls mit hier dargestellt; sie sind jüngst in einer Freiburger Dissertation von Christel Bücker vorgelegt worden.
All denjenigen, die mit Beiträgen dieses Heft und die Ausstellung besorgt haben, sei unser besonderer Dank zum Ausdruck ge-

bracht. Dieses Heft ist Prof. Dr. Joachim Werner in Dankbarkeit gewidmet. Er hat sich immer wieder für die weitere systematische Erforschung und wissenschaftliche Auswertung dieses Platzes eingesetzt. Im Januar 1994 ist er im Alter von 84 Jahren in München verstorben. Joachim Werner hat sich um die Frühgeschichte gerade auch des Oberrheingebietes ganz besondere Verdienste erworben. Nicht nur Mengen, sondern auch Breisach und das spätrömische Kastell Sponeck waren Forschungsprojekte, denen er sich im Rahmen der Kommission zur Erforschung des spätrömischen Raetien bei der Bayerischen Akademie der Wissenschaften intensiv gewidmet hat. Diese kleine Publikation sei seinem Andenken gewidmet.

Stuttgart, im Februar 1994 Dieter Planck

Inhalt

Für
Joachim Werner
(1909–1994)

Vorwort

Mit der vom 13. April 1994 bis zum 17. Juli 1994 im Colombischlößle gezeigten Ausstellung „FundMengen. Mengen im frühen Mittelalter“ setzt das Museum für Ur- und Frühgeschichte der Stadt Freiburg die Reihe der kleinen Studio-Ausstellungen fort, in der es über neuere Grabungen aus dem Regierungsbezirk Freiburg informiert.
Im Falle dieser Ausstellung erschien es sinnvoll, auch die Ergebnisse länger zurückliegender Ausgrabungen mit einzubeziehen, um dem Museumsbesucher ein möglichst umfassendes Bild vom merowingerzeitlichen Mengen zu vermitteln. So bot sich die Möglichkeit, neben den neueren Funden aus dem Besitz des Landesdenkmalamts Baden-Württemberg auch die in städtischen Besitz gelangten Funde aus den Vorkriegsgrabungen zu präsentieren, die – zu einem Zeitpunkt, zu dem die Existenz des Museums für Ur- und Frühgeschichte in der jetzigen Form gefährdet scheint – an die lange Tradition der reichen ur- und frühgeschichtlichen Sammlung der Stadt Freiburg erinnern.
Karl Banghard, M. A., wissenschaftlicher Volontär am Museum für Ur- und Frühgeschichte, initiierte und realisierte die Ausstellung; er stellte auch das Begleitheft zusammen. Die Autoren, Herr Dr. Gerhard Fingerlin, Frau Christel Bücker, Herr Michael Egger, Herr Michael Hoeper, verfaßten ihre Beiträge zu diesem Heft trotz anderer Belastungen innerhalb kürzester Zeit. Herr Dr. Fingerlin, Leiter der Außenstelle Freiburg der Archäologischen Denkmalpflege Baden-Württemberg, hat die Ausstellung in vielfacher Weise unterstützt. Herr Dr. Christoph Unz, Landesdenkmalamt Stuttgart, führte die Endredaktion des Heftes durch, assistiert von Herrn Karl Banghard. Ihnen allen danke ich sehr herzlich – ganz besonders möchte ich schließlich Herrn Prof. Dr. Dieter Planck, dem Präsidenten des Landesdenkmalamts Baden-Württemberg, dafür danken, daß er das Begleitheft zur Ausstellung in die Reihe der „Archäologischen Informationen aus Baden-Württemberg“ aufnahm.

Freiburg, im Februar 1994 Hilde Hiller

I. 60 Jahre Frühmittelalterforschung in Mengen

Die Gemarkung Mengen gehört mit Fundstellen aus fast allen prähistorischen und geschichtlichen Perioden seit langem zu den Schwerpunkten archäologischer Feldarbeit im Breisgau. Bekannt wurde der Ort in Fachkreisen aber vor allem durch die Ausgrabung eines großen Reihengräberfeldes der Merowingerzeit, das 1930 im Gewann „Hohle–Merzengraben" durch Zufall entdeckt wurde und dessen reiche Funde bis heute der „Schatzkammer" im Freiburger Museum für Ur- und Frühgeschichte besonderen Glanz verleihen. Ergänzt wurde dieser weit über den Ort und seine Umgebung hinaus bedeutsame frühgeschichtliche Fundplatz durch die Entdeckung einer teilweise gleichzeitigen Siedlung im Gewann „Löchleacker", die mit ihren Anfängen bis in die Zeit der Völkerwanderung, also bis ins 4. Jahrhundert n. Chr. zurückreicht und damit eine der ersten Neugründungen der in den Breisgau einrückenden Alamannen gewesen ist.

Diese beiden Fundplätze, bisher noch nie gemeinsam vorgestellt, müssen also in einer „Forschungsgeschichte Mengen" in erster Linie angesprochen werden. Trotzdem sei zunächst die älteste Notiz über einen frühgeschichtlichen Fund auf dieser Gemarkung erwähnt, die sich in einem Werk über „Die neuentdeckten Hünengräber im Breisgau" findet, das der Freiburger Historiker Heinrich Schreiber 1826 veröffentlicht hat. Dort wird berichtet, daß in Mengen „vor wenigen Jahren", also wohl zu Beginn des 19. Jahrhunderts, der Vogt auf seinem Acker „Zur Hofstatt" ein trocken (also ohne Verwendung von Mörtel) ausgemauertes Grab gefunden habe, ohne Zweifel ein Steinkistengrab der Jüngeren Merowingerzeit, wie es in dieser Gegend für kleine, zu Einzelhöfen des 7. Jahrhunderts (Hofstatt!) gehörende Bestattungsplätze recht typisch ist.

Sieht man von einem Hinweis im Freiburger Stadtarchiv aus dem Jahr 1887 einmal ab, tritt der Fundort Mengen, trotz seines reichen, im Boden erhaltenen Kulturerbes, erst wieder 1930 in Erscheinung, mit dem Fund einer sogenannten Bügelfibel, einem Schmuckstück, das zur alamannischen Frauentracht des 6. nachchristlichen Jahrhunderts gehört. Der damals für den Breisgau zuständige Denkmalpfleger, Prof. Georg Kraft, erkannte sofort, daß dieser Fund nicht vereinzelt sein konnte, sondern auf ein großes Gräberfeld der Merowingerzeit hinwies, das wegen seiner relativ geringen Entfernung zum Ortskern als der zum frühmittelalterlichen Mengen gehörende Bestattungsplatz anzusprechen war. Von neueren Bodeneingriffen oder Überbauung verschont, bot er die Chance einer auf wissenschaftliche Ziele orientierten planmäßigen Ausgrabung, die auch tatsächlich schon im Sommer 1932, knapp zwei Jahre nach dem ersten Zufallsfund, begonnen wurde, als gemeinschaftliche Unternehmung von Denkmalpflege, Universität und Alemannischem Institut in Freiburg. Kraft schrieb über die Gründe für die Grabungsentscheidung in einem ersten, 1937 erschienenen Vorbericht: „Von Anfang an war es also der Blick auf die frühalamannische Gesamtbesiedlung einer Gemarkung und die Entstehungsgeschichte eines typischen Dorfes von heute, der lockte, eine solche Schlüsselstellung für bäuerliche Siedlung und Verkehr, wie sie die Mengener Brücke bildet, in Angriff zu nehmen ... Form und Werden des Dorfes und seiner Gemarkung ... zu erfassen und zu verfolgen. Für die ... Forschung mußte aber das erste Ziel sein ... den Friedhof als Ganzes auszugraben, um Einblick in den Aufbau der Bevölkerung ... nach zeitlicher Abfolge, Zahl, Alters- und Geschlechtsgliederung, sozialer Verfassung ... zu erhalten." Kraft folgte damit Anregungen und Zielsetzungen, die vor allem von den württembergischen Archäologen Walter Veeck und Hermann Stoll formuliert worden waren, auf die sich der Freiburger Gelehrte auch ausdrücklich berufen hat.

Leider konnte das großangelegte Unternehmen damals nicht zum Abschluß gebracht werden. Zwar wurden von 1932 bis 1936 in jährlichen Kampagnen annähernd 750 Gräber mit zum Teil reichen Beigaben freigelegt, doch waren die Zeitumstände einer Fortsetzung nicht günstig, auch wenn Kraft noch 1937 den, wie er selbst zugibt „utopischen" – und ohne Frage auch zeitbedingten – Plan ins Spiel brachte, über den Friedhof hinaus die ganze Gemarkung auszugraben. Dazu ist es aus verständlichen Gründen nicht gekommen, doch hat die Grabung Mengen, wenn auch nicht zu Ende gebracht, doch schon vor Ausbruch des Zweiten Weltkriegs die Forschung angeregt und die wissenschaftliche Diskussion archäologischer, vor allem auch siedlungsgeschichtlicher Fragen sehr gefördert. Nicht zuletzt geschah dies durch junge Wissenschaftler, die auf der von Kraft bewußt als Lehrgrabung konzipierten und durchgeführten Unternehmung in Mengen teilgenommen hatten und sich mit Beiträgen über hier entdeckte Funde zu Wort meldeten, so vor allem Joachim Werner, nach dem Krieg Ordinarius am Institut für Vor- und Frühgeschichte der Universität München und Friedrich Garscha, der später über viele Jahre die archäologische Abteilung des Badischen Landesmuseums in Karlsruhe betreut hat.

Nach Beendigung des Zweiten Weltkrieges dauerte es erst einmal eine gewisse Zeit, bis die Freiburger Denkmalpflege wieder Tritt fassen konnte, waren doch fast alle ihre wissenschaftlichen und technischen Mitarbeiter, auch Kraft selbst, während des Krieges verstorben oder durch Kriegseinwirkung ums Leben gekommen. Bis weit in die sechziger Jahre hinein verboten die unzureichenden personellen und finanziellen Verhältnisse eine Wiederaufnahme der Arbeit an einem Platz, der zunächst auch gar nicht gefährdet schien. Als Vermächtnis Krafts blieb aber die Absicht, den Alamannenfriedhof von Mengen fertig auszugraben und dann auch eine wissenschaftliche Publikation vorzulegen.

Wie häufig in der Denkmalpflege erhielt das in der Schublade ruhende Vorhaben plötzlich von außen einen kräftigen Anstoß. Anfang der siebziger Jahre wurden Pläne bekannt, die noch nicht untersuchten Flächen des Gräberfelds teilweise abzutragen und dann mit dem Tiefpflug für Sonderkulturen herzurichten. Weil dies aber eine weitgehende Zerstörung der noch vorhandenen archäologischen Substanz bedeutet hätte, war rasches Handeln geboten. 1973 begann die Außenstelle Freiburg des Landesdenkmalamts mit der Untersuchung der restlichen Flächen. Als örtlicher Grabungsleiter wurde Michael Egger verpflichtet, damals Schüler bei Professor Werner in München, der seinerseits immer wieder den Abschluß und die Veröffentlichung der wichtigen Grabung in Mengen angemahnt hatte. Im gleichen Jahr gelang die Entdeckung der eingangs erwähnten frühmittelalterlichen Siedlung im „Löchleacker“ am südlichen Rand des Dorfes. Damit war für 1974 ein „Grabungsjahr Mengen“ programmiert. Während Egger im Auftrag des Landesdenkmalamts die Untersuchung des Gräberfeldes fortsetzte und zum Abschluß brachte, mit annähernd tausend Bestattungen bis heute einer der größten Alamannenfriedhöfe Südwestdeutschlands, grub das Landesdenkmalamt mit eigenen Kräften die durch Baumaßnahmen gefährdeten Teile der Siedlung im „Löchleacker“ aus, die erstmals im Breisgau Hinweise darauf lieferte, daß zumindest in einzelnen Fällen alamannische Niederlassungen seit der Zeit der Einwanderung mehr oder weniger kontinuierlich am gleichen Ort bestanden und sich zu den großen Dörfern des hohen Mittelalters entwickelt haben. Zwei Grabfunde aus der Gründungszeit ergänzten diesen für die Siedlungsgeschichte des Breisgaus ungewöhnlich ergiebigen Befund.

Zu dessen weiterer Klärung, vor allem auch zur Gewinnung naturwissenschaftlichen Probematerials, wurde 1987 eine kleine Grabung am Westrand des untersuchten Bereichs durchgeführt, bei der sich das Landesdenkmalamt und das Universitätsinstitut für Ur- und Frühgeschichte gemeinsam engagierten, ganz in der Tradition des Unternehmens der Vorkriegszeit. Diese Nachuntersuchung brachte einige neue Erkenntnisse, vor allem im Hinblick auf die merowingerzeitliche Phase der Mengener Siedlung. Systematische Begehung der angrenzenden Äkker im gleichen Jahr erlaubten darüber hinaus die Feststellung, daß sich das besiedelte Areal nach Westen fortsetzt, wo demnach in Zukunft noch weitere Forschungsmöglichkeiten bestehen.

Die Ergebnisse der Siedlungsgrabung sind inzwischen in einer Freiburger Dissertation durch Christel Bücker vorgelegt worden. Mit dem Druck dieser Arbeit ist in nächster Zeit zu rechnen. Leider ist die Veröffentlichung der reichhaltigen Fundbestände aus dem Gräberfeld von Mengen noch nicht in Sicht, obwohl Zeichnungen und Katalog schon lange fertiggestellt sind. Es ist zu hoffen, daß die jetzt in Freiburg gezeigte Ausstellung wie auch dieses Informationsheft einen neuen Anstoß dazu geben, die Vorarbeiten für die Publikation abzuschließen und damit, mehr als sechzig Jahre nach Grabungsbeginn, diesen bedeutenden Fundplatz für die archäologische wie auch die landesgeschichtliche Forschung verfügbar zu machen.

Gerhard Fingerlin

II. Der Breisgau im frühen Mittelalter

1. Die naturräumlichen Grundlagen der Besiedlung

Der Breisgau bildet einen natürlichen Siedlungsraum, der im Osten durch den Schwarzwaldrand und im Westen durch den Rhein begrenzt wird. Nach Norden reicht dieser Siedlungsraum bis zur Bleiche bei Herbolzheim und im Süden bei Steinenstadt wird er durch die an den Rhein heranziehenden Schwarzwaldrandberge abgeschlossen.

Die Entwicklung eines Siedlungsraumes wird heute wie in ur- und frühgeschichtlicher Zeit von vielfältigen Faktoren bestimmt wie z. B. von der Topographie der Landschaft, der Bodengüte, dem Klima, der Wasserversorgung, den Rohstoffen sowie der Infrastruktur mit ihren natürlichen oder anthropogenen Verkehrswegen. Diese Faktoren beeinflussen Siedlungsvorgänge und verändern sich z. T. mit der Besiedlung.

Die naturräumliche Gliederung des Breisgaus spielte für die ur- und frühgeschichtliche Besiedlung eine entscheidende Rolle. Zwischen dem Rhein und dem Schwarzwaldrand liegen in der sich hier verbreiternden Oberrheinebene der vulkanisch entstandene und lößbedeckte Kaiserstuhl sowie die lößbedeckten Kalkschollen des Nimberges, des Lehener Berges, des Tuniberges und des Schlatter Berges und einige weitere kleine lößbedeckte Kalkschollen. Am Rande dieser Berge – im Bereich kleiner austretender Bachtäler, die gekennzeichnet sind durch kalkarme, sich in die Niederung vorschiebende Schwemmlößfächer – bieten sich hier besonders günstige Siedlungsplätze an. Vor dem westlichen Schwarzwaldrand ist es vor allem die lößbedeckte Vorbergzone (Emmendinger Vorbergzone und Markgräfler Hügelland), die in ihrem Randbereich zur Niederterrasse und an den durchziehenden Schwarzwaldbächen weitere siedlungsgünstige Plätze aufweist. Lediglich im Bereich der Staufener und Freiburger Bucht ist diese hügelige Vorbergzone durch größere, zum Rhein hin entwässernde Schwarzwaldbäche (Neumagen, Dreisam und Elz) unterbrochen. Diese Gebiete sind aufgrund ihrer Feuchtigkeit und der ungünstigen Böden ebenso wie die übrigen Bereiche der Rheinebene eher als siedlungsungünstig zu bezeichnen.

Die Lößböden, vor allem die kalkärmeren Schwemmlößbereiche, boten fruchtbares Ackerland. Durch die leicht erhöhte Lage über den Bachtälern wohnte man einerseits auf trockenem Boden vor Überschwemmungen geschützt, andererseits war man mit Wasser versorgt. Daneben eigneten sich die anschließenden feuchteren Bereiche der Niederterrasse ideal zur Weidewirtschaft.

Besonders die „Mengener Brücke“ – eine pleistozäne Lößverwehung zwischen der Südspitze des Tuniberges und dem lößbedeckten Batzenberg der Vorbergzone bei Schallstadt – bietet in dieser Richtung ideale Siedlungsbedingungen und ist aus diesem Grund seit je her ein dicht besiedeltes Gebiet.

2. Die Völkerwanderungszeit im Breisgau

Laut den Überlieferungen römischer Geschichtsschreiber bedrohten seit dem frühen 3. Jahrhundert germanische Stammesgruppen massiv die römischen Reichsgrenzen am obergermanisch-rätischen Limes, die von ihnen „Alamannen" genannt wurden. Spätestens ab dem 4. Jahrhundert ist davon auszugehen, daß die Alamannen Nachbarn des römischen Reiches im südwestdeutschen Raum zwischen Rhein, Donau und Iller waren. In der Zeit ihrer Grenznachbarschaft wird in diesem Gebiet direkt an der römischen Rheingrenze von häufigen Auseinandersetzungen, aber auch Vertragsabschlüssen zwischen Römern und Alamannen berichtet.

Die archäologischen Nachweise dieser frühen Alamannen waren jedoch bis vor kurzem noch derart spärlich, daß dieser Umstand z. T. mit halb seßhafter Wohnweise erklärt wurde oder mit einer nur kurzen Aufenthaltsdauer in diesem Gebiet während ihrer Beute- und Kriegszüge. Dagegen werden unter anderem bei dem römischen Historiker Ammianus Marcellinus, der im 4. Jahrhundert an den römischen Feldzügen gegen die Alamannen teilnahm, derart große Kriegerzahlen des alamannischen Gegners genannt, daß, selbst wenn sie nur annähernd der Realität entsprächen, ihre Wohnplätze auch archäologisch belegbar sein müßten. Außerdem benennt Ammianus ab der Mitte des 4. Jahrhunderts mehrere Teilverbände der Alamannen, die zu dieser Zeit jenseits der Rheingrenze ansässig waren, und die Wohnsitze einiger ihrer Anführer. So werden auch die „Brisigavi", die Bewohner des Breisgaus, als Truppenteile des römischen Heeres am Ende des 4. Jahrhunderts in der „Notitia Dignitatum" genannt.

Erst durch die Neuentdeckungen und Ausgrabungen der letzten Zeit ist die frühe Alamannenzeit auch im Breisgau deutlicher faßbar geworden. Insgesamt sind bisher jedoch nur sechs Bestattungsplätze mit zusammen 31 Gräbern aus dem Breisgau in die Zeit des 4./5. Jahrhunderts zu datieren, denen mehr als 180 merowingerzeitliche Bestattungsplätze mit ca. 4000 untersuchten Gräbern der folgenden 250 Jahre gegenüberstehen (Abb. 1). Zumeist handelt es sich bei diesen frühalamannischen Gräbern um kleine Gräberfelder oder auch um Einzelgräber. Mit Sicherheit aber ist in dieser Zeit auch noch mit Brandgräbern zu rechnen, wie die Beispiele der ergrabenen Bestattungsplätze von Lampertheim/Südhessen und Kahl am Main (bei Aschaffenburg) zeigen. Im Breisgau konnten Brandgräber bisher nicht ergraben werden, jedoch gibt es Hinweise im Bereich der frühalamannischen Siedlung von Mengen „Löchleacker", daß es sie hier auch gegeben hat.

Zahlreicher dagegen sind die bisher bekanntgewordenen Siedlungsnachweise dieser Zeit, die neben den großflächigen Ausgrabungen im Bereich der frühalamannischen Siedlung von Mengen „Löchleacker" hauptsächlich durch Lesefunde und kleinere Sondierungsgrabungen gewonnen werden konnten. Neben diesen ländlichen Siedlungen sind im Breisgau durch die umfangreichen Grabungen auf dem Zähringer Burgberg bei Freiburg erstmals auch Informationen über eine frühalamannische Höhensiedlung, in unmittelbarer Nähe des Limes am Schwarzwaldrand gelegen, gewonnen worden.

Die Verteilung der frühalamannischen Fundstellen im Breisgau zeigt uns zum gegenwärtigen Stand der Forschung nur eine lockere, verstreute Besiedlung, die sich z. T. im direkten Vorfeld der am Rhein ge-

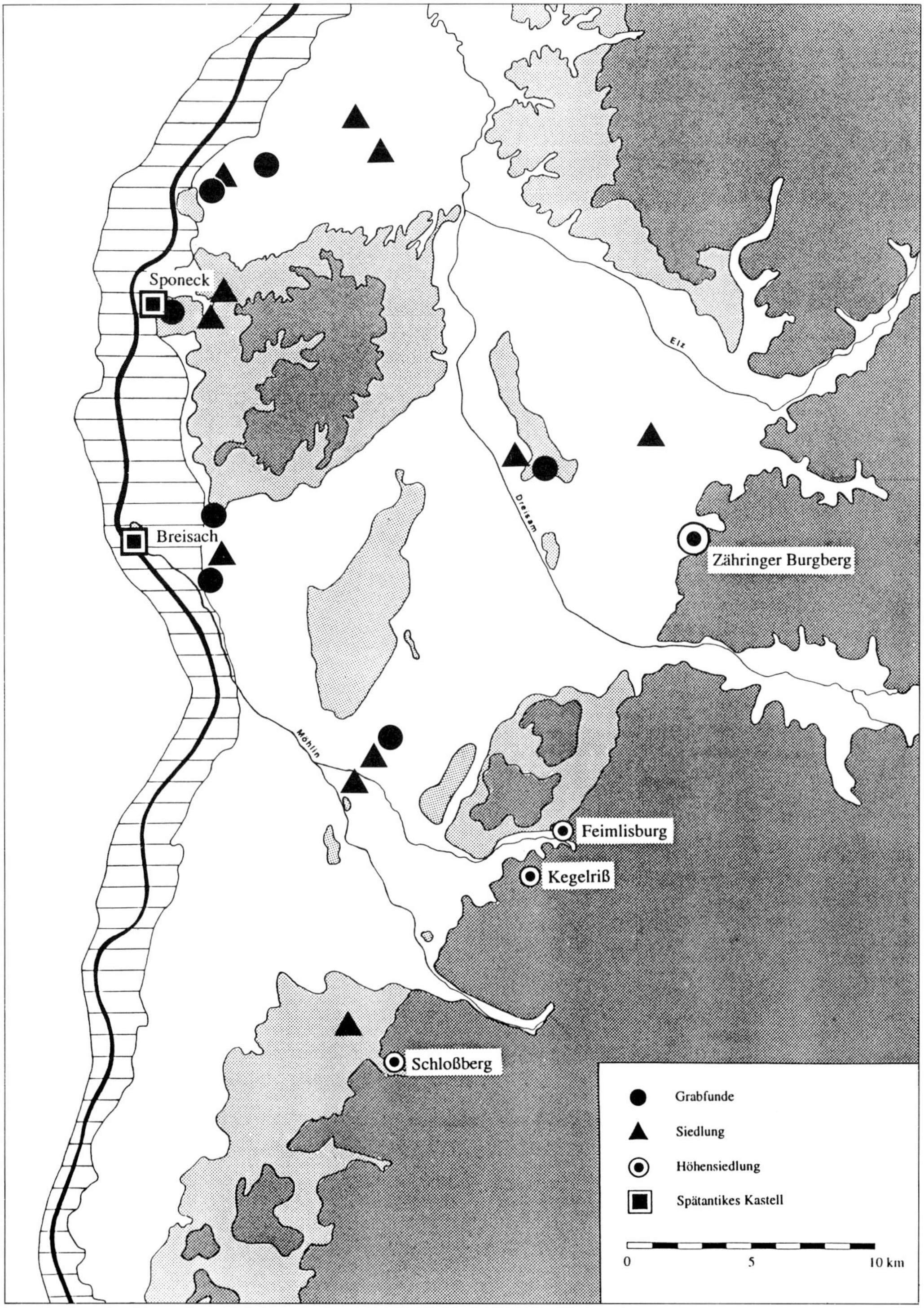

Abb. 1 Die frühalamannische Besiedlung des Breisgaus im 4./5. Jahrhundert.

legenen Kastelle befindet oder sich an wichtigen Verkehrsverbindungen zu orientieren scheint (Abb. 1).

3. Die Merowingerzeit im Breisgau

Mit dem wirtschaftlichen und politischen Niedergang des weströmischen Reiches im beginnenden 5. Jahrhundert und dem Abzug der regulären römischen Truppen vom Rhein festigten sich langsam die neuen politischen Strukturen der Merowingerzeit. Die Macht der fränkischen Oberschicht dehnte sich immer weiter auf ehemals römische Gebiete im gallischen und belgischen Bereich aus. Als Erben des römischen Reiches versuchten sie wiederholt, auch den alamannischen Raum in ihren Machtbereich einzugliedern. Umfassend gelang dies erst nach dem sogenannten Gerichtstag von Cannstatt im Jahre 746 n. Chr., bei dem die alamannische Oberschicht, die sich gegen die Eingliederung stellte, entmachtet und bestraft wurde. Unter Karl dem Großen (768/814) wird Alemannien fest in das fränkische Karolingerreich integriert.

In der Merowingerzeit läßt sich im Breisgau eine deutliche Zunahme der archäologischen Belege für eine Besiedlung besonders durch die vielerorts ausgegrabenen Reihengräberfelder nachweisen. Ausgegrabene Siedlungsplätze dieser Zeit wie in Mengen sind dagegen immer noch eine Seltenheit. Daher müssen sich die besiedlungsgeschichtlichen Aussagen überwiegend auf die untersuchten Bestattungsplätze stützen.

In der 2. Hälfte des 5. Jahrhunderts beginnen im Breisgau die ersten kontinuierlich bis zum Ende des 7. oder Anfang des 8. Jahrhunderts belegten Reihengräberfelder der Merowingerzeit. Mit Sasbach im Norden des Breisgaus am nördlichen Rande des Kaiserstuhls, Opfingen am Tuniberg, Mengen in der Mitte, gelegen auf der lößbedeckten „Mengener Brücke“, und Buggingen im Markgräfler Hügelland scheint die reihengräberzeitliche Besiedlung im Breisgau flächendeckend in dieser Zeit zu beginnen (Abb. 2). Sie nimmt ihren Fortgang im 6. Jahrhundert vor allem im nördlichen Breisgau, im Randbereich von Kaiserstuhl, Tuniberg und Nimberg mit der Anlage neuer Gräberfelder. Am Ende des 6. Jahrhunderts ist die römische Besiedlungsdichte noch nicht einmal annähernd erreicht.

Im 7. Jahrhundert läßt sich aufgrund neu angelegter Gräberfelder und Gräbergruppen dann ein massiver Landesausbau feststellen, der sich vor allem ab der 2. Hälfte des 7. Jahrhunderts mit besonderer Dynamik auszubreiten scheint. Er betrifft hauptsächlich den südlichen Breisgau mit den Bereichen Mengener Brücke, Staufener Bucht und Markgräfler Hügelland. Daneben schiebt sich die Besiedlung in die siedlungsungünstigeren Schwarzwaldtäler vor, wie Grabfunde bei Kirchzarten, im Hexental von Merzhausen bis Bollschweil und Einzelfunde aus Badenweiler eindrucksvoll belegen (Abb. 2).

Die in dieser Zeit angelegten Bestattungsplätze sind zumeist nur kleinere Gräberfelder mit beigabenführenden Gräbern, die erst zu Ende ihrer Belegung Steinkistengräber und Plattengräber z. T. ohne Beigaben sowie beigabenlose Erdgräber aufweisen. Daneben treten kleinere Gräbergruppen mit Steinkistengräbern und Plattengräbern auf, in denen nur vereinzelt Beigaben beobachtet wurden, sowie beigabenlose Erdgräber. Diese Gräbergruppen lassen sich in den Zeitraum der 2. Hälfte des 7. Jahrhunderts bis zum Anfang des 8. Jahrhunderts datieren.

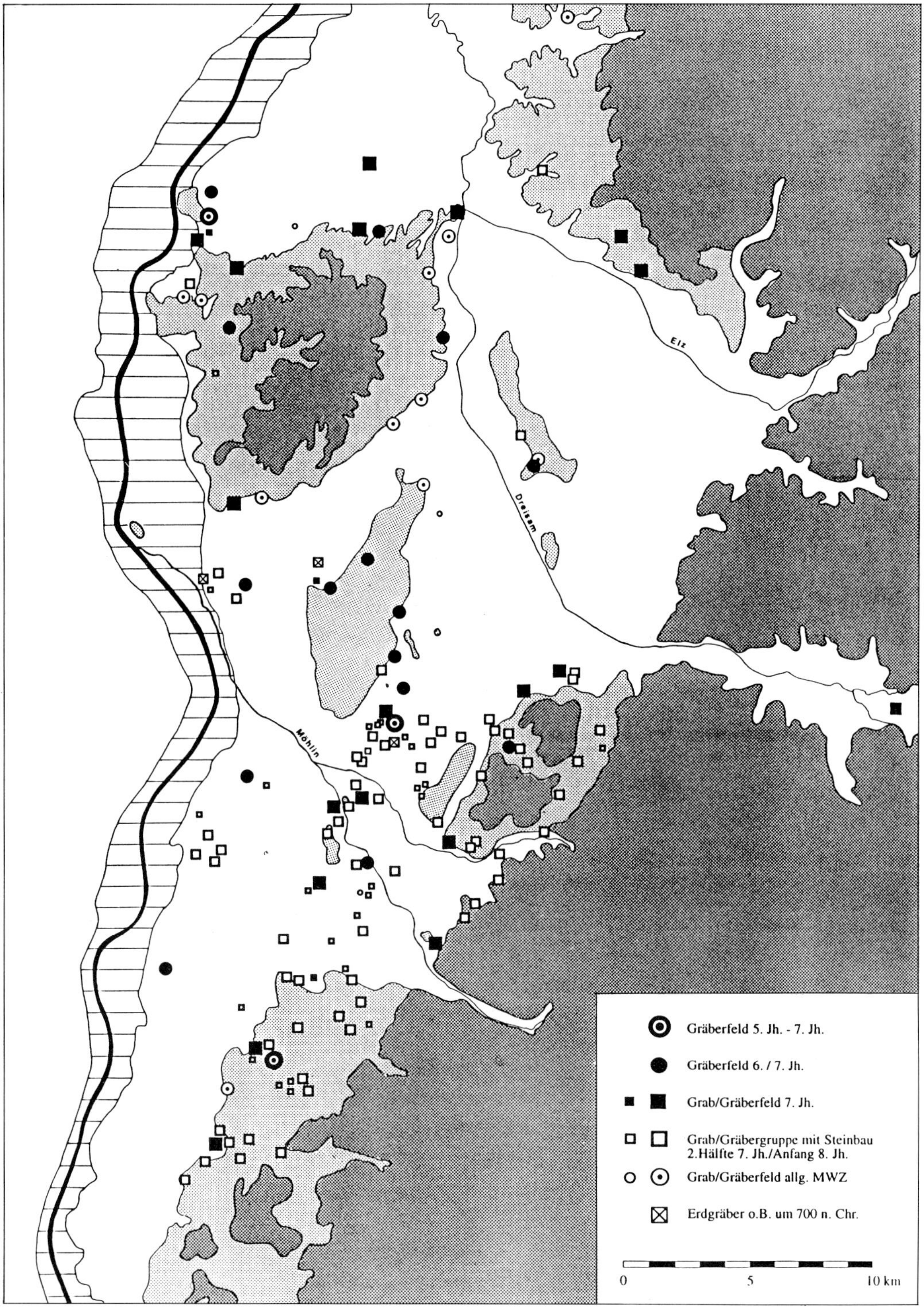

Abb. 2 Die merowingerzeitliche Besiedlung des Breisgaus im 5./8. Jahrhundert.

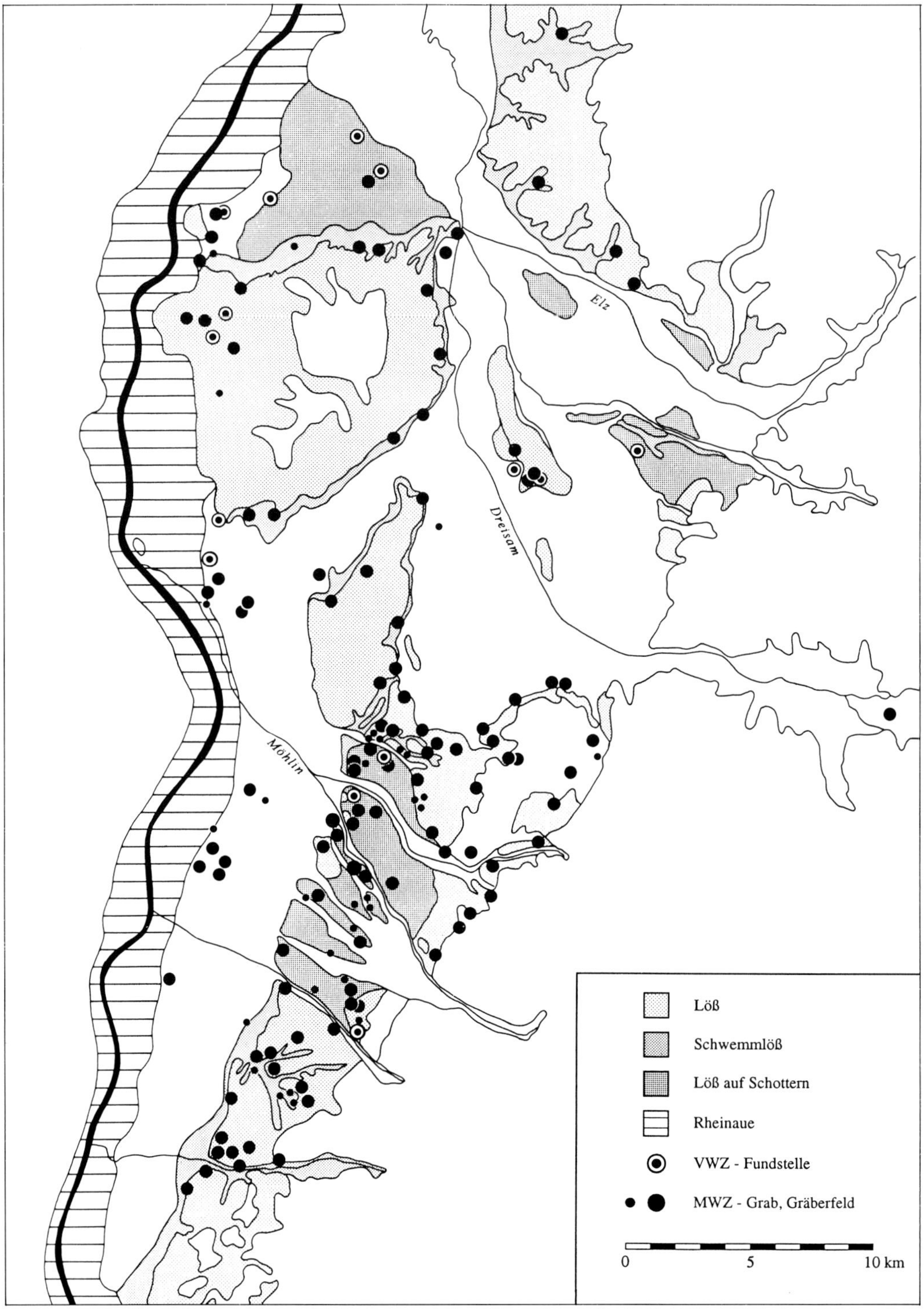

Abb. 3 Die Verteilung der frühmittelalterlichen Fundstellen zu den lößbedeckten Gebieten.

Ein größeres Problem bilden beigabenlose Gräbergruppen oder Einzelgräber mit Skelettbestattungen in Ost-West-Orientierung ohne Steineinbauten. Wenn sie nicht in merowingerzeitlichen Gräberfeldern oder in Siedlungen angetroffen werden, so ist ihre zeitliche Zuordnung vorerst nicht sicher möglich. Aus den im späten 7. Jahrhundert beginnenden Siedlungen Merdingen „Breisacher Weg“ und Breisach-Hochstetten „Klosteräcker“ sind uns solche beigabenlosen Gräbergruppen bekannt, die in diese Zeit datiert werden. Auch die beigabenlosen Skelettgräber der frühalamannischen Siedlung Mengen „Löchleacker“ können aufgrund ihrer Nähe zu spätmerowingischen Befunden in diese Zeit datiert werden.

Am Ende der Merowingerzeit zeigt sich uns eine Besiedlung, die fast den ganzen Breisgau bedeckt und im wesentlichen die von den Römern besiedelten Gebiete wieder in Anspruch genommen hat. Ausgespart bleiben dabei weitgehend große Bereiche der Niederterrasse sowie die Freiburger Bucht und die Elz-Dreisam-Niederung, die auch von den Römern nicht besiedelt waren.

Dieses Besiedlungsbild orientiert sich extrem an den oben beschriebenen geologischen Gegebenheiten im Breisgau. Deutlich zeigt sich die Bevorzugung der lößbedeckten Regionen, wie der Mengener Brücke, des Markgräfler Hügellandes und der Emmendinger Vorbergzone (Abb. 3). Hier liegen die Gräberfelder vor allem an den Rändern zu den durchschneidenden Bach- und Flußtälern sowie an den Übergängen zur Niederterrasse. Limberg und Kaiserstuhl sowie die lößbedeckten Vorberge – Nimberg, Tuniberg, Batzenberg und Schönberg – werden nur in den Randbereichen besiedelt. Dabei ist die Lage im Bereich der Taleinschnitte, die gekennzeichnet sind durch größere kalkarme Schwemmlößfächer, die Regel. Weitere Fundstellen finden sich auf den lößbedeckten Schotterflächen der Elz-Dreisam-Niederung und im nördlichen Kaiserstuhlvorland. Eine Besiedlung der reinen Schotterflächen ist lediglich bei Gündlingen und Hartheim sowie bei Breisach-Hochstetten, Bremgarten und Grißheim, direkt am Rande des Hochgestade, zu belegen. Hierin zeigt sich eine starke landwirtschaftliche Prägung der alamannischen Siedler, die vor allem die günstigen Übergangsbereiche zwischen Ackerland und Grünland an Gewässerläufen bevorzugten. Zum Ackerbau ungünstige Landschaften wurden gemieden, so z. B. die feuchteren Schotterflächen der Freiburger Bucht, die heute noch weitgehend durch den Mooswald bedeckt sind, daneben die Niederterrasse, die vermutlich in der Merowingerzeit noch mit größeren Waldgebieten bedeckt war. Erst in der späten Merowingerzeit werden die ungünstigeren Täler (Hexental, Zartener Becken) erschlossen. Zu diesem Zeitpunkt sind die Lößflächen der Ebene und des Hügellandes dicht besiedelt und zwingen bei zunehmender Bevölkerung zum Ausweichen auf Randbereiche mit schlechteren landwirtschaftlichen Bedingungen.

Michael Hoeper

III. Die frühmittelalterliche Besiedlungsentwicklung in der Gemarkung Mengen

1. Topographie der Gemarkung

„Im Mittelpunkt unseres Gebietes liegt die Mengener Brücke (210–230 m üb. d. M.); sie ist zugleich die reichstbesiedelte Landschaft, das gelobte Land des Ackerbaus zu allen Zeiten." Dies schrieb in den 30er Jahren Georg Kraft im Zusammenhang mit den Ausgrabungen im Bereich des merowingerzeitlichen Gräberfeldes „Hohle–Merzengraben", nachdem die archäologische Forschung schon früh auf den fruchtbaren, seit dem Neolithikum intensiv besiedelten Bereich der lößbedeckten „Mengener Brücke" aufmerksam geworden war. Seither konnte die schon damals beachtliche Zahl der archäologischen Fundstellen auf der „Mengener Brücke" durch zahlreiche Ausgrabungen und Lesefunde noch weiter vermehrt werden. Der heutige Ort Mengen liegt inmitten dieses Lößrükkens und schließt durch seine Gemarkung (988 ha) den größten Teil der siedlungsgünstigen „Mengener Brücke" ein. Die Grenzen der Gemarkung reichen im Süden bis an den Rand des erhöhten Lößrükkens und stoßen hier im Niederungsbereich der Möhlin an das schon in der Staufener Bucht gelegene Biengen (Abb. 4). Im Norden reicht die Gemarkungsfläche über den Rand des lößbedeckten Höhenrückens hinaus in die Niederung der Freiburger Bucht und schließt noch die südlichste Spitze des Mooswaldes mit ein. Ihr östlicher, fast geradliniger Verlauf trennt sie von den am Rande des Batzenberges liegenden Gemarkungen Wolfenweiler, Schallstatt, Scherzingen, Norsingen und Offnadingen. Im Westen schließen sich die am Rande des Tuniberges gelegenen Gemarkungen Tiengen und Munzingen an. Die Gemarkungsgrenze verläuft hier auf dem Kamm eines gegen Westen ziehenden Lößhöhenrückens, auf dem heute die Autobahn Richtung Basel führt. Am Südfuß dieses Höhenrückens greift die Gemarkung nach Westen aus und wird gegen Munzingen im Norden durch den Riedgraben begrenzt. Mit ihrer südwestlichen Spitze stößt sie an den schon im Bereich der feuchteren Niederterrasse gelegenen Ort Hausen.

Innerhalb dieser z. T. durch die Geomorphologie bestimmten Siedlungskammer ist die Landschaft durch zergliedernde Bachtäler geprägt, die mit ihren seichten Lößhängen ideale Siedlungsbedingungen bieten.

2. Der heutige Ort Mengen und seine Wüstungen

Der heutige Ort Mengen liegt auf einem Höhenrücken, der im Süden vom Brunnengraben und im Westen und Norden vom Merzengraben umflossen wird (Abb. 4). Urkundlich ist der Ort erstmals in der Schenkungsurkunde eines Heimo an das Kloster Lorsch erwähnt, die auf das Jahr 776 datiert wird.

Im Norden der Gemarkung, etwa 1,5 km vom heutigen Ortskern, liegt die Wüstung Bechtoldskirch, 1150 erstmals in den Urkunden genannt. Die Kirche dieses Ortes

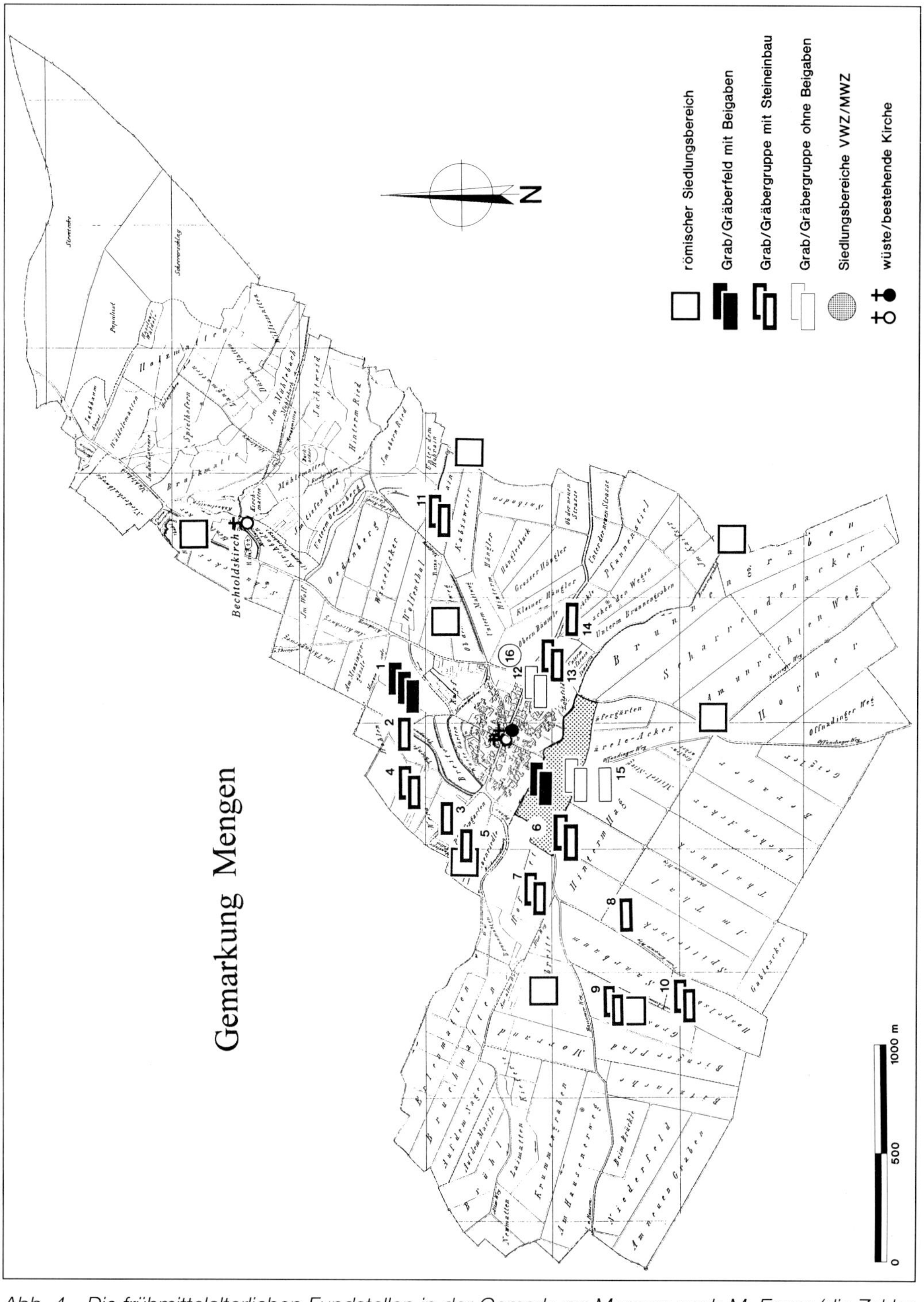

Abb. 4 Die frühmittelalterlichen Fundstellen in der Gemarkung Mengen nach M. Egger (die Zahlen entsprechen den Nummern im Fundstellenkatalog S. 25ff.).

(St. Margareta, urkundlich erstmals 1111–1122 genannt) lag am Rande des nördlichsten Sporns der „Mengener Brükke", der sich zur Niederterrasse vorschiebt und heute noch der Gemeinde Mengen als Friedhofsareal dient. In den 20er Jahren des 19. Jahrhunderts standen hier noch die Pfarrkirche, das Pfarrhaus sowie die Schule von Mengen und einige Höfe (Gewanne „Schulacker," „Oedenberg"). In den Jahren 1830–37 wurden diese Gebäude abgerissen und nach Mengen verlegt. Auch die Höfe wurden aufgegeben, lediglich der Friedhof von Mengen blieb an diesem Ort. Daneben ist aufgrund der urkundlichen Erwähnung eines *„Baldorf in Menger ban"* im Günterstaler Zinsbuch von 1344 eine weitere Wüstung innerhalb der Gemarkung Mengen zu vermuten.

3. Die völkerwanderungszeitliche Besiedlung

Aufgrund der bisherigen archäologischen Quellen beginnt die frühmittelalterliche Besiedlung der Gemarkung Mengen im 4./5. Jahrhundert n. Chr. Aus dieser Zeit konnte im Gewann „Löchleacker" (Nr. 6), im Süden des heutigen Ortes auf der anderen Seite des Brunnengrabens, eine völkerwanderungszeitliche Siedlung in Teilbereichen ergraben werden (Abb. 8). Auf einer Fläche von 300 x 150 m fanden sich neben Grubenhäusern und Vorratsgruben des 4./5. Jahrhunderts Siedlungsbefunde des späten 6. bis 11. Jahrhunderts. Die völkerwanderungszeitliche Siedlung bestand im ergrabenen Areal vermutlich aus einem oder zwei Höfen. Zwei beigabenführende, Nord-Süd orientierte Frauengräber der Zeit um 400 n. Chr. und ein beigabenloses, Nord-Süd orientiertes Skelettgrab, das 1944 in unmittelbarer Nähe geborgen wurde, deuten hier auf einen kleinen zur Siedlung gehörenden Bestattungsplatz hin. Die Gräber lagen ca. 100 m entfernt am Rand der Siedlung. Neben diesen Körpergräbern weisen Lesefunde vermutlich auch auf Brandgräber hin, die jedoch aufgrund ihrer geringen Eintiefung in den Boden durch die spätere landwirtschaftliche Nutzung zerstört worden sind.

Siedlungsbefunde der 2. Hälfte des 5. Jahrhunderts und des beginnenden 6. Jahrhunderts konnten in diesem ergrabenen Teilbereich eines anscheinend größeren Siedlungsareals bisher nicht festgestellt werden. Lesefunde aber haben gezeigt, daß sich das Siedlungsareal sowohl östlich in den Gewannen „Kärele-Acker" und „Schäfergärten", als auch westlich, im Gewann „Hofstatt", entlang des Brunnengrabens fortsetzt, ohne daß sich bisher genauere Angaben über den Besiedlungszeitraum dieser Bereiche machen ließen.

Inwieweit mit dem Beginn der germanischen Besiedlung im 4./5. Jahrhundert auch der Grundstein zur Entstehung der heutigen Gemarkung Mengen gelegt wurde, bleibt ungewiß. Mit Sicherheit aber ist für die völkerwanderungszeitliche Siedlung von Mengen anzunehmen, daß sie ein zugehöriges Wirtschaftsareal besaß, das sich vermutlich überwiegend auf ehemaligem römischen Kulturland erstreckte, wie die zahlreichen römischen Siedlungsplätze der Gemarkung belegen. Dabei mieden die ersten germanischen Siedler die römischen Villen als Siedlungsareal und ließen sich dazwischen an geeigneten Plätzen in Bachnähe nieder. Die zahlreichen auf der heutigen Gemarkung liegenden römischen Siedlungsplätze und die Orientierung der Gemarkungsgrenzen an topographischen Gegebenheiten lassen im Fall von Mengen und anderen Gemarkungen im Breisgau jedoch auf eine frühe Entstehung schließen. Dabei dienten neben Bachläufen vermutlich auch die zur Landwirtschaft ungeeigneten Bereiche der noch sichtbaren Ruinen römischer Siedlungsplätze als Grenzmarkierungen eines zur Siedlung gehörenden Wirtschaftsareals. Aus diesem Wirtschaftsareal entwickelte sich dann später die Gemarkung in ihren heutigen Grenzen.

4. Die merowingerzeitliche Besiedlung

Innerhalb dieses Wirtschaftsareals findet im Laufe des 5. Jahrhunderts eine Umstrukturierung statt, die sich in der Verlagerung von Siedlungs- und Bestattungsplatz äußert, ohne daß dafür eindeutige Begründungen geäußert werden können. Die Besiedlung im Gewann „Löchleacker" (Nr. 6) findet auf der ergrabenen Fläche keine Fortsetzung, und auch der zugehörige Bestattungsplatz bricht ab. Ein Fortgang der Besiedlung in der Gemarkung Mengen ist jedoch in der Merowingerzeit durch das ca. 1050 Bestattungen umfassende Reihengräberfeld „Hohle–Merzengraben" (Nr. 1) belegbar, das in den Jahren 1932/36 und 1973/74 vollständig ergraben werden konnte (Abb. 30). Dieser von der 2. Hälfte des 5. Jahrhunderts bis zum Anfang des 8. Jahrhunderts belegte Friedhof liegt ca. 400 m nordwestlich des heutigen Ortskernes, im Hangbereich eines zum Merzengraben abfallenden Lößrückens. Siedlungsspuren aus der Zeit des Reihengräberfeldes ließen sich aber bisher nicht feststellen. Abgesehen von einigen Siedlungsbefunden des späten 6. und 7. Jahrhunderts im Bereich von Mengen „Löchleacker" (Nr. 6), die jedoch lediglich zwei bis drei Höfen zuzuschreiben sind, fehlen Siedlungsbefunde des späten 5. und frühen 6. Jahrhunderts sowie weitere Siedlungsbefunde des späten 6. und 7. Jahrhunderts in der Gemarkung.

Ausgehend von einer Belegungsdauer des Reihengräberfeldes von ca. 250 Jahren und einer Zahl von ca. zehn Bewohnern pro Hof, müßten durchschnittlich 15 Höfe bestanden haben, deren Bewohner ihre Angehörigen hier bestattet haben. Aufgrund einer allmählichen Bevölkerungszunahme ist jedoch am Anfang der Merowingerzeit mit nur einigen wenigen Höfen zu rechnen, deren Zahl dann im Laufe der Zeit zunahm. Über die Lage dieser bisher nicht ergrabenen Siedlungsplätze lassen sich beim augenblicklichen Forschungsstand jedoch nur Vermutungen äußern. Geeignete Siedlungsareale böten sich in den bisher nicht untersuchten Bereichen am Brunnengraben westlich sowie östlich des Gewanns „Löchleacker" an. Daneben könnte auch mit einer Besiedlung an den Hängen des Merzengrabens zu rechnen sein.

Im Breisgau und in weiten Teilen Süddeutschlands sind Siedlungsfunde des 6. Jahrhunderts nur in geringer Zahl bekannt, während die zahlreichen merowingerzeitlichen Gräberfelder eine intensive Besiedlung belegen. Dies hat die Forschung dazu veranlaßt, anzunehmen, daß in überwiegendem Maß diese Siedlungen ortskonstant unter den heutigen Ortschaften liegen und daher unzugänglich oder zum größten Teil schon zerstört sind. Ausgegangen wurde dabei von der Vorstellung, daß einem kollektiven Bestattungsplatz auch eine geschlossene dorfähnliche Siedlung zuzuordnen ist, die sich zum heutigen Dorf weiterentwickelte. Siedlungsgrabungen in Norddeutschland und den nordeuropäischen Ländern konnten dagegen zeigen, daß die frühmittelalterlichen Siedlungen sich bis in das 13. Jahrhundert ständig innerhalb des zugehörigen Wirtschaftsareals, der Gemarkung, verlagerten oder an andere Plätze verlegt wurden. Einen Einblick in diese sich ständig verändernden Besiedlungsstrukturen innerhalb einer Gemarkung bis zur Entstehung der Dörfer in ihrer heutigen ortskonstanten Lage bietet die Gemarkung Mengen in spätmerowingisch/karolingischer Zeit und ihrer weiteren Entwicklung.

5. Die spätmerowinger- und karolingerzeitliche Besiedlung

Vermutlich im Verlaufe des späten 7. bis Anfang des 8. Jahrhunderts wird das Gräberfeld am „Merzengraben“ (Nr. 1) allmählich aufgegeben. Aus dieser Zeitphase lassen sich im Randbereich des Gräberfeldes noch einige Steinkisten- und Plattengräber der 2. Hälfte des 7. und dem Anfang des 8. Jahrhunderts nachweisen. Zeitgleich mit dieser Belegungsphase des Gräberfelds entstehen in der Gemarkung zahlreiche verstreute Gräbergruppen, die genauere Aussagen zur Besiedlungsstruktur zulassen.

Abb. 5 Beigabenloses Erdgrab mit Deckplatten (ca. 1x1 m) einer spätmerowingerzeitlichen Gräbergruppe im Gewann „Hofstatt“ (Nr. 7).

Bei den bisher 12 teilweise ergrabenen Gräbergruppen handelt es sich weitgehend um beigabenlose Platten-, Steinkisten- oder Erdgräber mit Deckplatten (Abb. 5) kleinerer, in unmittelbarer Nähe der jeweiligen Hofareale angelegter Bestattungsplätze, die uns so in indirekter Weise die Siedlungsareale der späten Merowingerzeit in der Gemarkung anzeigen. Dabei können aufgrund von Konzentrationen der einige hundert Meter auseinanderliegenden Fundstellen Siedlungsschwerpunkte erkannt werden (Abb. 4).

Einer dieser Schwerpunkte erstreckt sich südlich des Ortes entlang des Brunnengrabens. Hier sind im westlichen Bereich der ergrabenen Siedlungsfläche „Löchleakker“ (Nr. 6) elf beigabenlose spätmerowingerzeitliche Bestattungen mit zeitgleichen Siedlungsbefunden festgestellt worden, die durch ein kleines Zaungräbchen voneinander getrennt waren (Abb. 6). Mit Sicherheit handelt es sich bei diesen Befunden um ein nur teilweise erfaßtes Hofareal mit zugehörigem Bestattungsplatz der Bewohner. Im östlichen Bereich wurden schon früher Steinkistengräber und beigabenlose Körpergräber angeschnitten, die auf weitere Hofareale mit Bestattungsplätzen hinweisen. Im weiter westlich anschließenden Gewann „Hofstatt“ (Nr. 7) kamen bisher zwei Plattengräber zutage, daneben erbrachte in 300 m Entfernung eine Sondierungsgrabung hier eine Reihe von Grubenhäusern des 8.–9. Jahrhunderts. Südlich davon ließen sich Gräber bei den heutigen Aussiedlerhöfen in den Gewannen „Spittelacker“ (Nr. 8), „Großacker“ (Nr. 9) und „Hospelsbuck“ (Nr. 10) nachweisen. Sie liegen auf einem Nord-Süd verlaufenden Höhenrücken im Bereich des auf der alten Gemarkungskarte

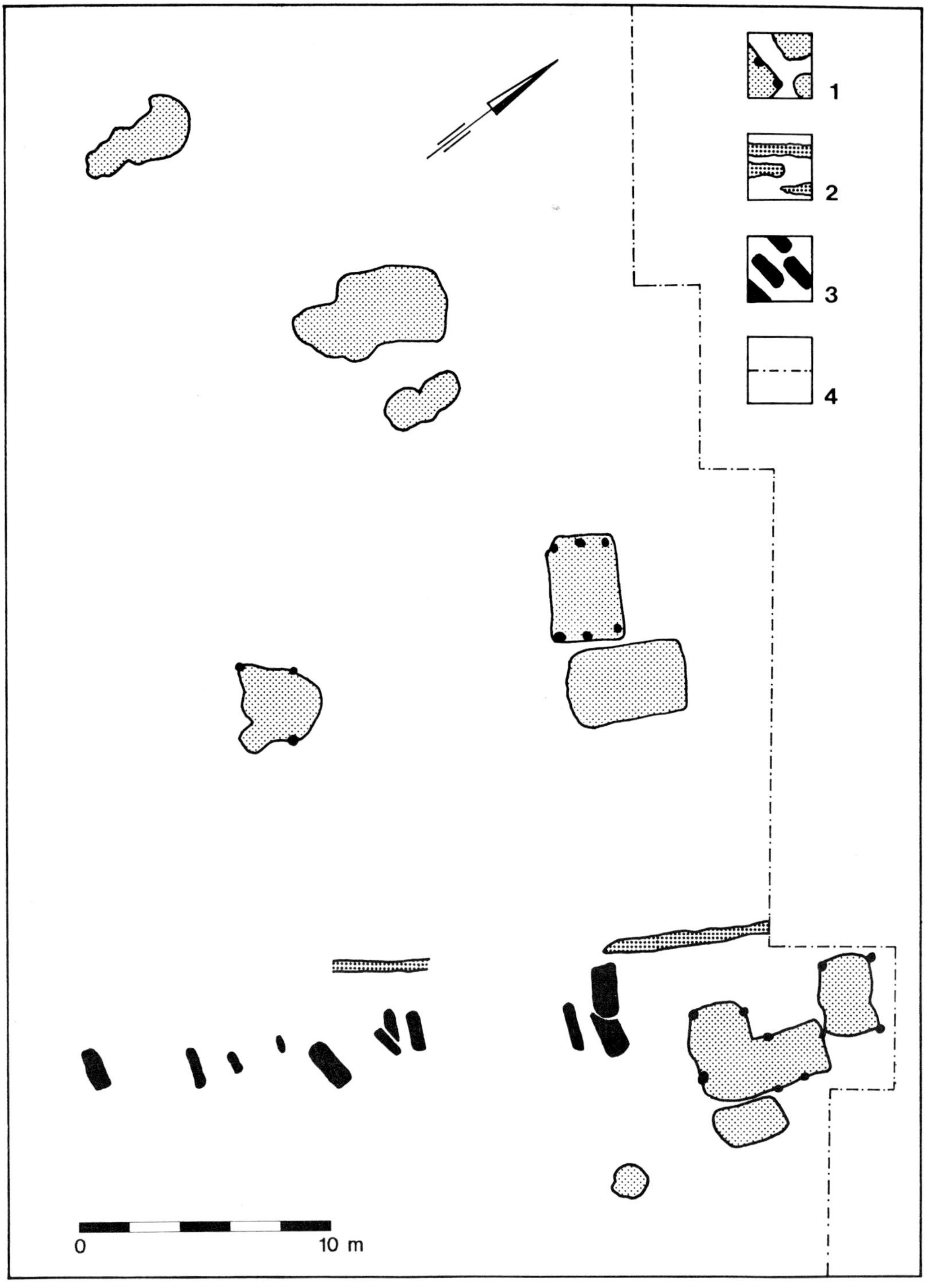

Abb. 6 Siedlungsausschnitt von Mengen „Löchleacker" (Nr. 6) mit spätmerowingerzeitlichem Hofareal und zugehöriger Gräbergruppe. 1. Siedlungsbefunde; 2. Zaungräbchen; 3. Bestattungen; 4. Grabungsgrenzen.

noch verzeichneten Weges nach Biengen. Diese Fundsituation legt die Vermutung einer lockeren, reihenartigen Besiedlung entlang des Bachtales und des alten Weges nahe. Schon der Gewanname *„Hofstatt"*, urkundlich erstmals 1335 erwähnt, weist auf eine Ansiedlung hin. Noch vor dem Dreißigjährigen Krieg standen hier einige Höfe.

Ein ähnliches Bild zeigt sich uns auch im Nordwesten von Mengen. Hier scheinen ebenfalls am Hang des Merzengrabens mehrere Gräbergruppen auf aneinandergereihte Hofkomplexe hinzudeuten (Nr. 2–5). Weitere Fundstellen liegen östlich des heutigen Ortes, am Nordhang des Brunnengrabens, südlich der Straße nach Schallstadt (Nr. 12–14). Daneben ist noch eine vereinzelte Gräbergruppe ca. 1 km nordöstlich von Mengen im Gewann „Hoher Rain" (Nr. 11) zu erwähnen, die mit zeitgleichen Gräbern und Siedlungsbefunden auf der Gemarkung Schallstadt zusammenhängen mag.

So läßt sich für die späte Merowingerzeit in der Gemarkung Mengen nach den bisherigen Befunden eine lockere, reihenartige Besiedlung, bestehend aus vermutlich mehr als 20 Hofkomplexen, erschließen, die sich vor allem entlang des Merzengrabens und Brunnengrabens erstreckt. Diese Besiedlung außerhalb des heutigen alten Dorfkernes von Mengen dauerte im Gewann „Löchleacker" (Nr. 6) noch bis ins 11. Jahrhundert an und im Gewann „Hofstatt" (Nr. 7) noch bis zur Mitte des 17. Jahrhunderts. Der zentrale, gemeinschaftlich genutzte Bestattungsplatz der Merowingerzeit im Gewann „Hohle–Merzengraben" (Nr. 1) wird am Ende der Merowingerzeit allmählich zugunsten kleiner Gräbergruppen im unmittelbaren Bereich der in der Gemarkung verstreuten Höfe aufgegeben. Der Grund für diese Veränderungen ist vermutlich in der entstehenden Grundherrschaft zu suchen, aber auch die zunehmende Christianisierung trug zu diesem Wandel mit bei. Sie bewirkte, daß die neu entstandenen Gräbergruppen der spätmerowingisch/karolingischen Zeit keine Fortsetzung fanden und zugunsten eines Friedhofes im Bereich der gleichzeitig gegründeten Kirchen aufgegeben wurden.

In diesem Zusammenhang ist möglicherweise auch die Entstehung der heutigen Wüstung Bechtoldskirch zu sehen, die aufgrund ihres Ortsnamens noch in spätmerowingische Zeit fallen könnte. Sie vollzog sich unter Umständen anfänglich mit der Errichtung eines Hofes und einer zugehörigen kleinen Kirche. Jedoch fehlen bisher archäologische Befunde. Inwieweit eine Besiedlung auch jenseits von Merzengraben und Brunnengraben, im Bereich des heutigen Ortes, vorhanden war und den „Grundstein" zu seiner Entstehung lieferte, ist aufgrund fehlender archäologischer Quellen nicht zu sagen. Als einziger Hinweis könnte der Einzelfund eines Bommelohrringes aus der 2. Hälfte des 7. Jahrhunderts, der beim Umbau der Kirche (St. Martin, urkundlich erstmals 1367 genannt) zutage kam, auf die mögliche Entstehung einer frühen Kirche an dieser Stelle hindeuten. Ungeklärt in diesem Zusammenhang ist jedoch die Beziehung der Kirchen von Bechtoldskirch und Mengen, da erst im 19. Jahrhundert die Kirche von dort nach Mengen verlegt wurde. In Mengen selbst stand bis zu dieser Zeit nur eine kleine Kapelle an der Stelle der heutigen Kirche. Ob eine frühe Kirche zugunsten von Bechtoldskirch aufgegeben wurde und erst im 19. Jahrhundert an gleicher Stelle wieder eine Kirche entstand, ist augenblicklich nicht zu klären.

So bleiben noch viele Fragen unbeantwortet, deren Lösung eine umfassende Darstellung der Besiedlungsgeschichte der Gemarkung Mengen von ihren Anfängen im 4. Jahrhundert bis zur Gegenwart ermöglichen würde. Trotzdem geben uns die zahlreichen durch die archäologische Forschung gewonnenen Bausteine einen Einblick in die dynamischen Prozesse und Veränderungen der Besiedlungsstrukturen innerhalb einer Gemarkung. Mit Sicherheit bietet die Gemarkung Mengen aufgrund ihrer bisherigen zahlreichen archäologischen Quellen ideale Voraussetzungen, die noch fehlenden Bausteine zu erforschen und so die Entwicklung der Besiedlungsstrukturen einer Gemarkung beispielhaft für den Breisgau untersuchen zu können.

6. Katalog der frühmittelalterlichen Fundstellen in der Gemarkung Mengen (zur Lage vgl. Abb. 4)

1 *„Hohle–Merzengraben"*, Gräberfeld
Etwa 400 m nördlich von Mengen auf einem Ausläufer der „Mengener Brücke", erbrachten in den Jahren 1932 bis 1936 Grabungen im Bereich dieses größeren Reihengräberfeldes 750 Bestattungen. 1973/74 fand eine weitere Grabung statt, notwendig aufgrund umfangreicher Rigolarbeiten, die den Friedhof in seiner ganzen Ausdehnung erfaßten. Sie erhöhte die Anzahl der Gräber auf ca. 1050. Besonders aus der Anfangsphase des Gräberfeldes sind reich ausgestattete Gräber bekannt. Neben einigen Kreisgräben weist der Bestattungsplatz auch zahlreiche Steinkistengräber, besonders am Rande des Gräberfelds, auf. Belegt war dieses Gräberfeld vom späten 5. bis zum Anfang des 8. Jahrhunderts.
Literatur: Badische Fundberichte III, 1933/36, 61; 170 ff.; 306; 388; 13, 1937, 23. – G. Kraft, Die alamannische Frühbesiedlung der Gemarkung Mengen. Bad. Fundber. 13, 1937, 124 ff. – A. Eckerle, Der Alemannenfriedhof Mengen bei Freiburg i. Br. Badische Vorzeit 1937, 10 ff. – F. Garscha, Die Alamannen in Südbaden. Germanische Denkmäler Völkerwanderungszeit A 11 (Berlin 1970) 215 ff., Nr. X. – Archäologische Nachrichten aus Baden 14, 1975, 14. – M. Egger, Die ur- und frühgeschichtlichen Funde der Gemarkung Mengen. In: Festschrift „1200 Jahre Mengen", hrsg. H. Hölzer (Freiburg 1976) 17 ff. – R. Christlein, Die Alamannen (Stuttgart 1978) 157, Nr. 245. – In Bearbeitung durch M. Egger, München.

2 *„Hohle/Thienger Töllen"*, Grab
Etwa 100 m westlich des Gräberfeldes *„Hohle/Merzengraben"* an der Böschung eines ehemaligen Hohlweges wurde 1971 ein Plattengrab ohne Beigaben untersucht. Die Bestattung gehört vermutlich zu einer kleinen Gräbergruppe der 2. Hälfte des 7. und Anfang des 8. Jahrhunderts.

3 *„Munzinger Buck"*, Grab
Etwa 600 m nordwestlich von Mengen, am Hang der Straße von Mengen nach Munzingen, wurde 1949 ein Plattengrab mit Deckplatten ergraben. Darin befand sich eine männliche Bestattung mit Beigaben (Sax, Messer und Gürtelgarnitur) aus der Zeit des 7. Jahrhunderts. Auch dieses Einzelgrab gehört vermutlich zu einer kleineren Gräbergruppe.
Literatur: Badische Fundberichte 19, 1951, 222 Taf. 41 A. – F. Garscha, Die Alamannen in Südbaden. Germanische Denkmäler Völkerwanderungszeit A 11 (Berlin 1970) 215, Nr. VIII.

4 *„Werderhöhe"*, Gräber
Nördlich vom *„Munzinger Buck"* wurden in den Jahren 1926/27 Steinplatten ent-

deckt, die beim Pflügen hinderten. Vermutlich handelt es sich hier um Plattengräber einer weiteren Gräbergruppe.

5 *„Rehgarten/Kaibenriedle"*, Grab
Südlich der Straße nach Munzingen, an der Gemarkungsgrenze zu Munzingen, wurde 1922 ein Plattengrab ohne Beigaben untersucht. Auch hier deutet die einzelne Bestattung auf eine Gräbergruppe der 2. Hälfte des 7. und Anfang des 8. Jahrhunderts hin.

6 *„Löchleacker"*, Gräber/Siedlung
Südlich von Mengen, im Südwestbereich des Gewannes *„Löchleacker"*, wurden 1939 acht Skelettgräber und ein Steinkistengrab entdeckt, die auf eine spätmerowingerzeitliche Gräbergruppe hindeuten. Im Jahre 1944 konnte bei Arbeiten am Panzergraben ein N-S orientiertes beigabenloses Körpergrab (Datierung ?) untersucht werden. Bedingt durch die Anlage eines Neubaugebietes wurde 1974 eine frühmittelalterliche Siedlung angeschnitten und in Teilbereichen ergraben. Neben Siedlungsbefunden der Völkerwanderungszeit (4./5. Jh.) fanden sich Befunde des späten 6. bis 11. Jahrhunderts. Am östlichen Rande der Siedlung deuten zwei N-S orientierte Frauenbestattungen mit Beigaben (Schmuck und Keramik) aus der Zeit um 400 n. Chr. auf einen völkerwanderungszeitlichen Bestattungsplatz hin. Zusätzlich konnten elf beigabenlose Körpergräber mit O-W-Orientierung, von denen eine Bestattung in der Grabverfüllung spätmerowingerzeitliche Keramik aufwies, entdeckt werden. Diese Gräber einer spätmerowingerzeitlichen Gräbergruppe gehören vermutlich zu den zeitgleichen Siedlungsbefunden in unmittelbarer Nähe.
Literatur: Badische Fundberichte 16, 1940, 38; 18, 1948/50, 313. – G. Fingerlin, Archäologische Nachrichten aus Baden 14, 1975, 13f. – M. Egger, Die ur- und frühgeschichtlichen Funde der Gemarkung Mengen. In: Festschrift „1200 Jahre Mengen", hrsg. H. Hölzer (Freiburg 1976) 15. – R. Christlein, Die Alamannen (Stuttgart 1978) 157, Nr. 244. – G. Fingerlin, Archäologische Nachrichten aus Baden 34, 1985, 36f. Abb. 5; 6. – Ch. Bücker, Archäologische Ausgrabungen in Baden-Württemberg 1987, 161–164. – M. Rösch, Archäologische Ausgrabungen in Baden-Württemberg 1987, 164f. – G. Fingerlin, Frühe Alamannen im Breisgau. In: H. U. Nuber / K. Schmid / H. Steuer / Th. Zotz (Hrsg.), Archäologie und Geschichte des ersten Jahrtausends in Südwestdeutschland. Freiburger Forschungen zum ersten Jahrtausend in Südwestdeutschland 1 (Sigmaringen 1990) 117ff. Abb. 19; 20. – In Bearbeitung durch Ch. Bücker, Freiburg.

7 *„Hofstatt"*, Gräber
Ca. 600 m westsüdwestlich von Mengen wurde vor 1826 ein gemauertes Grab ohne Beigaben entdeckt. 1989 konnte aufgrund der freundlichen Mitteilung von Bauer A. Sehringer (Mengen) hier ein weiteres Erdgrab mit Deckplatten ohne Beigaben untersucht werden, das bei Spargelpflanzarbeiten angeschnitten wurde. Die bisher untersuchten Bestattungen gehören vermutlich zu einer kleinen Gräbergruppe.
Literatur: F. Garscha, Die Alamannen in Südbaden. Germanische Denkmäler Völkerwanderungszeit A 11 (Berlin 1970) 215, Nr. I.

8 *„Spitalacker"*, Grab
Östlich des alten Weges nach Biengen und nördlich der Aussiedlerhöfe wurde 1977 beim Pflügen ein Steinkistengrab mit Deckplatten ohne Beigaben entdeckt.

9 *„Großacker"*, Gräber
Südlich des Hausener Weges wurden 1971/72 zwei Plattengräber ohne Beigaben im Bereich römischer Siedlungsbefunde entdeckt.

10 *„Hospelsbuck"*, Gräber
Etwa 1,5 km südwestlich von Mengen und südlich der Straße nach Biengen konnten 1826–1841 Lesefunde (drei Lanzenspitzen) geborgen werden, die vermutlich aus Steinkistengräbern einer kleinen Gräbergruppe der 2. Hälfte des 7. und Anfang des 8. Jahrhunderts stammen.
Literatur: F. GARSCHA, Die Alamannen in Südbaden. Germanische Denkmäler Völkerwanderungszeit A 11 (Berlin 1970) 215, Nr. II.

11 *„Hoher Rain"*, Gräber
Etwa 1,3 km ostnordöstlich von Mengen, zwischen Mengen und Föhrenschallstadt, wurden vor 1881 gemauerte Gräber gefunden. Von Beigaben ist nichts überliefert.
Literatur: F. GARSCHA, Die Alamannen in Südbaden. Germanische Denkmäler Völkerwanderungszeit A 11 (Berlin 1970) 215, Nr. III.

12 *„Pfarrgarten"*, Gräber
Im Pfarrgarten vor dem Dorf, südlich der Straße nach Schallstatt, wurden 1933 mehrere geostete beigabenlose Bestattungen entdeckt. 1936 konnten hier fünf weitere geostete Bestattungen und sieben Schädel ohne Beigaben untersucht werden.
Literatur: F. GARSCHA, Die Alamannen in Südbaden. Germanische Denkmäler Völkerwanderungszeit A 11 (Berlin 1970) 215, Nr. V.

13 *„Auf dem Flußrain"*, Gräber
Etwa 350 m südöstlich von Mengen und südlich der Straße nach Schallstatt wurde 1934 das Erdgrab eines Kindes ohne Beigaben und eines Erwachsenen mit Beigaben (Eisenreste und Tierknochen) untersucht. Nach Angabe des Finders wurden vor 1934 nördlich der Fundstelle Steinkistengräber aufgedeckt.
Literatur: Badische Fundberichte III, 1933/36, 388. – F. GARSCHA, Die Alamannen in Südbaden. Germanische Denkmäler Völkerwanderungszeit A 11 (Berlin 1970) 215, Nr. VI.

14 *„Scherzinger Weg"*, Grab
Am Scherzinger Weg unmittelbar an der Straßengabelung Mengen–Schallstadt, Mengen–Scherzingen wurde 1940 ein Plattengrab bei Anlage einer Rübengrube zerstört. Funde sind nicht bekannt. Vermutlich handelt es sich bei der Fundstelle um eine weitere spätmerowingerzeitliche Gräbergruppe.
Literatur: Badische Fundberichte 17, 1941/47, 346. – F. GARSCHA, Die Alamannen in Südbaden. Germanische Denkmäler Völkerwanderungszeit A 11 (Berlin 1970) 215, Nr. VII.

15 *„Hinterm Hag/Mittelstück"*, Grab
Auf einem Acker, 100 m westlich der Straße nach Offnadingen, konnte 1929 ein geostetes Grab ohne Beigaben untersucht werden.
Literatur: Badische Fundberichte II, 1929/32, 394. – F. GARSCHA, Die Alamannen in Südbaden. Germanische Denkmäler Völkerwanderungszeit A 11 (Berlin 1970) 215, Nr. IV.

16 *„Oberen Bäumle"*, Einzelfunde
Nach älteren Aussagen stammen von diesem Gewann eine „Adlerfibel" und ein „Schwert". Nach M. Egger könnte es sich hier um ein weiteres merowingerzeitliches Gräberfeld handeln.

Michael Hoeper

IV. Die frühgeschichtliche Siedlung von Mengen im Gewann „Löchleacker" und „Hofstatt"

1. Entdeckung

Als 1973 in Mengen im Bereich des bekannten merowingerzeitlichen Reihengräberfeldes „Hohle–Merzengraben" unter Leitung von M. Egger ausgegraben wurde, entdeckte er im Neubaugebiet „Löchleakker" am südwestlichen Rand von Mengen in den ersten Baugruben angeschnittene Befunde mit Keramikscherben, die in die frühalamannische Zeit datieren. Daraufhin wurde 1974 das gesamte Baugebiet von etwa 4,5 ha innerhalb eines Jahres vom Landesdenkmalamt Baden-Württemberg in Freiburg flächig ausgegraben, wobei insgesamt 325 Siedlungsbefunde und 13 Körpergräber untersucht werden konnten (Abb. 7; 8).

Die Siedlungsbefunde im ergrabenen Ausschnitt sind anhand der Keramik- und Kleinfunde zum Teil in die frühalamannische Zeit (4./5. Jahrhundert) und in die merowingische bis ottonische Zeit (Ende 6. bis 11. Jahrhundert) einzuordnen (Abb. 8). Zudem lassen sich einige Fundstellen ins Neolithikum (4. bis 3. Jahrtausend v. Chr.), in die Urnenfelderzeit (2./1. Jahrtausend v. Chr.) und in die Späthallstatt-Frühlatènezeit (ca. 600 bis 300 v. Chr.) datieren. Von den 13 Körperbestattungen

Abb. 7 Mengen „Löchleacker". Teilausschnitt der Grabungsfläche im Neubaugebiet mit dunklen Grubenverfärbungen im hellen Löß.

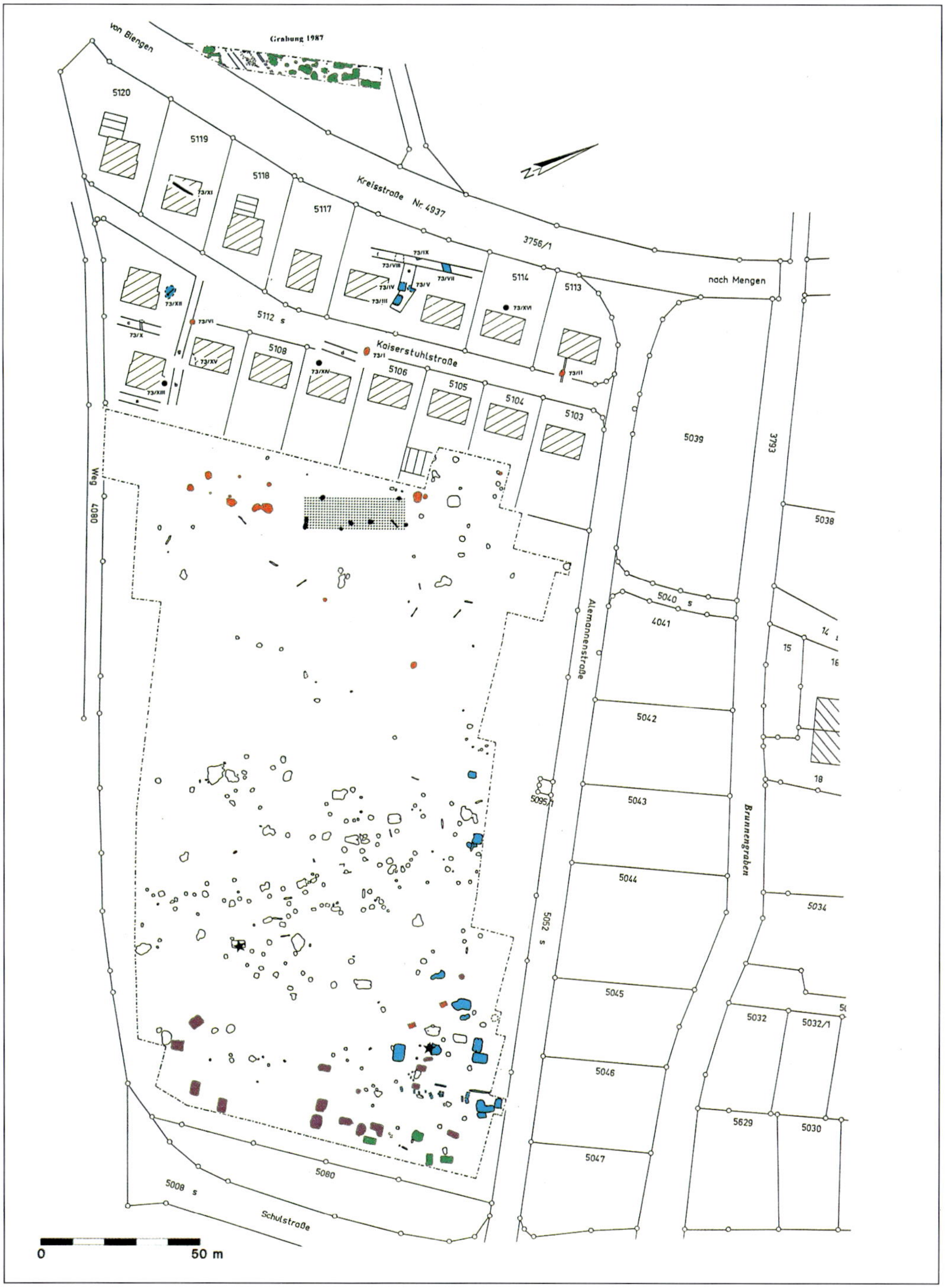

Abb. 8 Plan der Siedlungsbefunde von Mengen „Löchleacker“ und „Hofstatt“. Rot: frühalamannische Zeit. Blau: merowingische Zeit. Grün: karolingische Zeit. Violett: ottonische Zeit. * Lesefunde frühalamannischer Zeit aus vermutlichen Brandgräbern.

waren elf ohne Beigaben Ost-West und zwei Nord-Süd ausgerichtet, die mit typischen Trachtbestandteilen und Keramikgefäßbeigaben der frühalamannischen Zeit ausgestattet worden sind. Die elf beigabenlosen Bestattungen sind aufgrund einiger Keramikscherben in den Grabverfüllungen in das 7./8. Jahrhundert n. Chr. zu datieren.
Damit bieten die Mengener Ausgrabungen die Möglichkeit, einen größeren Siedlungsplatz des frühen Mittelalters auszuwerten. Neben den Untersuchungen des großen Reihengräberfeldes im Gewann „Hohle–Merzengraben" aus merowingischer Zeit, das abschnittweise gleichzeitig mit der Siedlung im Gewann „Löchleakker" belegt wurde, geben besonders Siedlungsbefunde und Funde einen Einblick in alltägliche Lebensbedingungen und in die Wirtschaftsweise der Bewohner im frühen Mittelalter.

2. Die Siedlungsbefunde

Durch die großflächigen Ausgrabungen in Mengen konnten die Reste von Pfostenstellungen der Wohn- und Wirtschaftsgebäude sowie eingetiefte Grubenhäuser, Vorrats- und Abfallgruben erfaßt werden. Wegen der Bodenerosion im Bereich des Siedlungsplatzes – bedingt durch die Lage am leicht zum Brunnengraben geneigten Hang und zusätzlich durch die intensive Beackerung seit dem Mittelalter – waren die Spuren der Pfostenstellungen der ehemaligen Hausbauten nur selten erhalten.
Wenige Pfostenverfärbungen und der reichlich gefundene Hüttenlehm mit Rutenabdrücken deuten auf eine Konstruktion der Gebäude aus Holzpfosten mit Flechtwerkwänden hin. Einige Pfostenverfärbungen im Bereich der eingetieften Abfallgruben aus frühalamannischer Zeit könnten zu einem zweischiffigen Hallenhaus von 30 m Länge und 10 m Breite gehören. An einer Längsseite des Gebäudes ist durch wenige erhaltene Pfosten vermutlich eine zweite Pfostenreihe in zwei Meter Abstand zu rekonstruieren, die einen überdachten Gang getragen haben könnte. Vergleichbare Hallenhäuser konnten in Heidenheim-Schnaitheim und Sontheim im Stubental (Kr. Heidenheim) durch besser erhaltene Grundrisse mit Pfostenstellungen für die frühalamannische Zeit nachgewiesen werden. Neben dem nur sehr unsicher zu rekonstruierenden Hallenhaus gab es sicherlich noch weitere Gebäude, die zu einer Hofanlage gehörten.
Die Funktion etwa eines nur wenig eingetieften, rechteckigen Grubenhauses von 3,40 x 2,15 m Größe mit drei Mittelpfosten ist nicht geklärt (Abb. 9). Grubenhäuser dieser Art sind regelmäßig bei frühmittelalterlichen, aber auch vorgeschichtlichen Hofanlagen zu finden und könnten als Vorratsgebäude, als Webhütte oder als kleine Werkstatt genutzt worden sein. Eine Nutzung als Wohngebäude scheint aufgrund der Größe der Grubenhäuser eher unwahrscheinlich.
Neben dem Grubenhaus befanden sich noch vier rechteckige Pfosten, die zu einem kleinen runden Speicher mit ehemals wahrscheinlich sieben Pfosten rekonstruiert werden können (Abb. 9). Solch ein Speicherbau, der zur Aufbewahrung von Heu oder Getreide gedient haben könnte, wurde auch bei der Hofanlage von Sontheim im Stubental entdeckt.
Trichterförmig eingetiefte Gruben (Abb. 10) wurden wahrscheinlich ebenfalls ursprünglich als Vorratsgruben für Getreide oder sonstige Lebensmittel benutzt, bevor

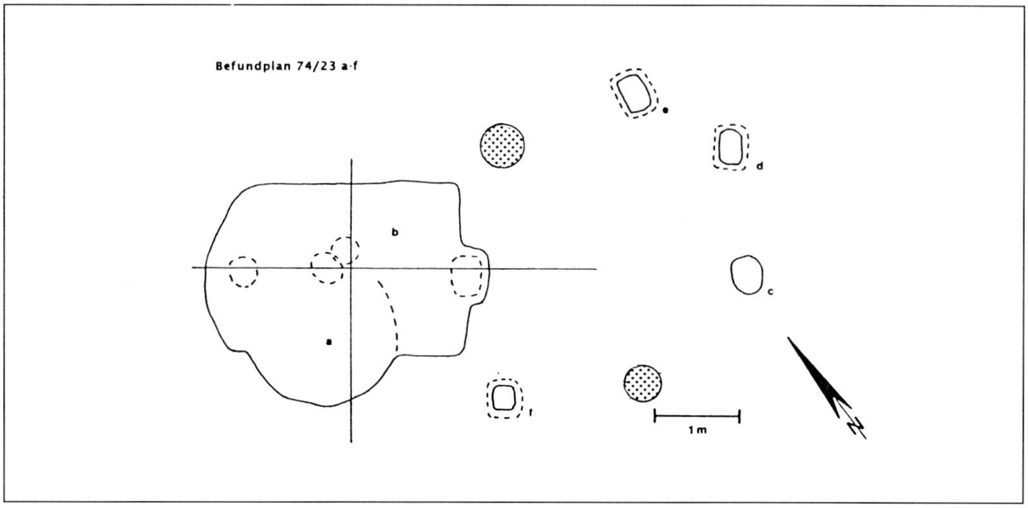

Abb. 9 Grubenhaus mit drei Mittelpfosten aus frühalamannischer Zeit. Rechts: Pfostenstellungen eines Speicherbaus (gerastert: rekonstruierte Pfosten).

Abb. 10 Trichterförmig eingetiefte Vorratsgrube der frühalamannischen Zeit im Profil.

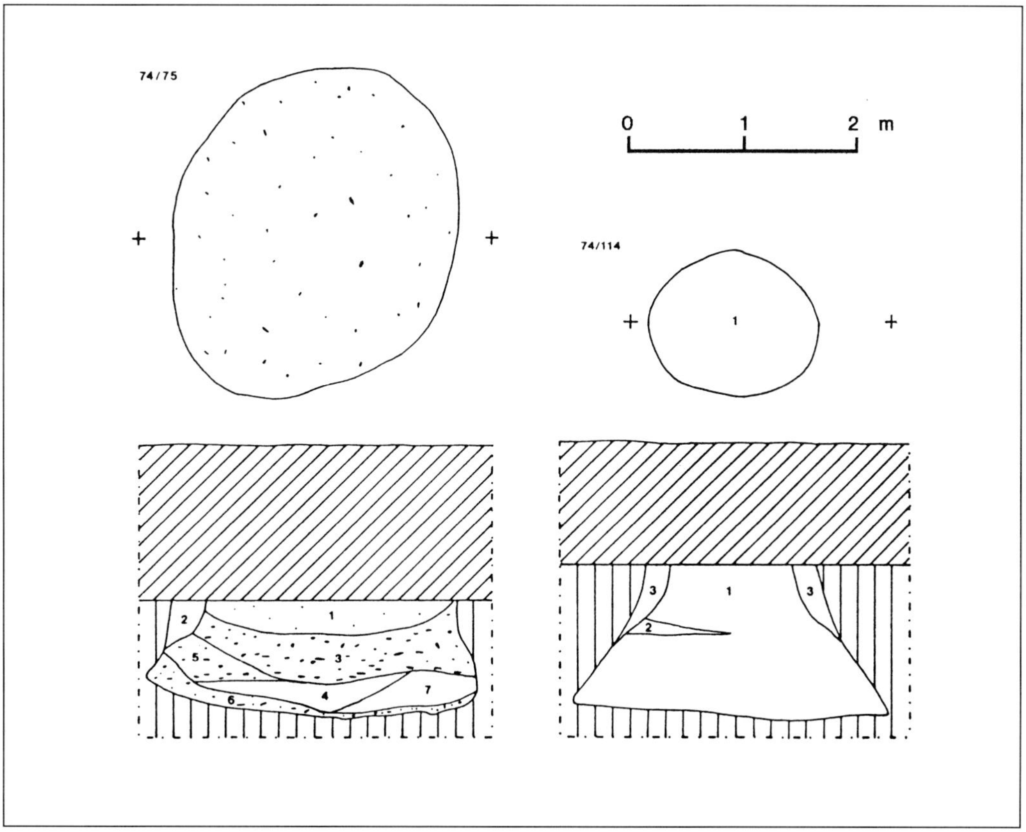

sie mit Abfall und Brandschutt verfüllt wurden.
Die unförmig eingetieften Abfallgruben finden sich in Mengen auf einer Fläche von etwa 100 x 120 m verteilt. Sie waren mit zerbrochenen Keramikgefäßen, Speiseabfällen wie Tierknochen und verkohltem Getreide, Schlacken und vielem mehr zugefüllt worden. Ob diese Gruben vor der Verfüllung eine andere, spezielle Funktion gehabt haben, ist nicht mehr festzustellen.
Die flächenmäßige Ausdehnung der Befunde aus frühalamannischer Zeit (1,2 ha) lassen auf einen oder zwei Höfe an dieser Stelle schließen, wenn man von einer Hofgröße von etwa 300 bis 500 m^2 ausgeht, wie sie vergleichbar in Sontheim im Stubental und auch in den germanischen Siedlungen im elb- und odergermanischen Gebiet nachzuweisen ist. Möglicherweise haben in Mengen aber noch weitere Höfe existiert, da die Grenzen des Siedlungsbereiches bei den Ausgrabungen noch nicht erreicht worden sind.
Die Siedlungsbefunde der merowingischen Zeit vom Ende des 6. und des 7. Jahrhunderts bestehen überwiegend aus rechteckigen Grubenhäusern mit Pfostenstellungen und wenigen Abfallgruben. Hausgrundrisse von Wohn- oder Wirtschaftsgebäuden sind aufgrund der nur selten erhaltenen Pfostenstellungen nicht zu rekonstruieren. Die vereinzelten Pfostenverfärbungen und reichlich gefundener Hüttenlehm belegen jedoch, daß hier in der Merowingerzeit ebenfalls Holzbauten mit Flechtwerkwänden gestanden hatten.
Die merowingerzeitlichen Grubenhäuser und Abfallgruben konzentrieren sich in drei auseinanderliegenden Bereichen im Abstand von einmal ca. 80 m und einmal ca. 140 m, so daß hier von drei Hofstellen in dieser Zeit auszugehen ist (Abb. 8).
Westlich der Gräbergruppe aus spätmerowingischer Zeit lassen sich zwei Abschnitte von eingetieften Gräbchen mit kleinen Pfostenstellungen zu einem Hofzaun rekonstruieren (Abb. 6, unten). Diese Reste eines Zaunes grenzten vermutlich einen spätmerowingischen Hof ein, der an dieser Stelle durch die gleichzeitigen Grubenhäuser belegt ist. Die Gräbergruppe wurde direkt entlang des Zaunes angelegt, ob innerhalb oder außerhalb eines Hofbereiches, ist nicht zu sagen, da an beiden Seiten des Zaunes spätmerowingische Grubenhäuser lagen.
Für die karolingische Zeit, also das 8. und 9. Jahrhundert, können bisher zwei Hofbereiche anhand von Grubenhäusern und rechteckigen Vorratskellern, die bis zu 1,50 m in die Erde eingetieft waren, nachgewiesen werden. Größere Wohn- und Wirtschaftsgebäude dieser Siedlungsphase sind wiederum nur durch Hüttenlehm und einigen Pfostenverfärbungen anzunehmen. Nur bei der Hofstelle, die westlich der Straße von Biengen 1987 ergraben wurde, ist ein Pfostenbau mit einer Breite von 4 m auf eine Länge von 3 m z.T. erfaßt worden. Die beiden Höfe der karolingischen Zeit liegen im ergrabenen Siedlungsausschnitt etwa 300 m voneinander entfernt (Abb. 8).
Im 10. und 11. Jahrhundert konzentrieren sich 13 Grubenhäuser und Kellergruben im östlichen Grabungsareal auf einer Fläche von ca. 100 x 40 m (Abb. 8). Möglicherweise standen hier gleichzeitig zwei Höfe direkt nebeneinander, da man pro Siedlungsphase von durchschnittlich drei zu einem Hof gehörigen Grubenhäusern ausgehen kann. Eingetiefte Grubenhäuser und Kellergruben hatten eine kürzere Lebensdauer als obertägige Pfostenbauten, weshalb sie des öfteren an anderer Stelle neu ausgehoben werden mußten. Die eingefallenen Grubenhäuser und Kellergru-

ben dienten sekundär als Abfallgruben für den Hausmüll. Pfostenbauten dieser Siedlungsphase sind bisher nicht zu rekonstruieren.

3. Die Siedlungsphasen

Die zeitliche Gliederung der Siedlungsphasen von Mengen beruht überwiegend auf der zumeist fragmentierten Gefäßkeramik, die hier, wie bei jeder Siedlungsgrabung, immer den größten Teil der chronologisch beurteilbaren Funde ausmacht. Demnach ist in dem ergrabenen Siedlungsausschnitt von Mengen im Gewann „Löchleacker" und dem anschließenden Gewann „Hofstatt" zwischen der frühalamannischen Siedlungsphase des 4. bis 5. Jahrhunderts und der merowingerzeitlichen Siedlungsphase eine Besiedlungslücke von mindestens 100 Jahren festzustellen. Die merowingische Besiedlung setzt hier erst wieder am Ende des 6. Jahrhunderts ein und ist dann kontinuierlich bis ins 11. Jahrhundert zu verfolgen.

Der Siedlungsplatz der fehlenden 100 Jahre etwa vom Ende des 5. bis zum Ende des 6. Jahrhunderts liegt möglicherweise direkt daneben im noch nicht untersuchten Gebiet. Aufgrund des Siedlungsplanes und der weit um den ergrabenen Bereich gefundenen Lesefunde kann man davon ausgehen, daß die Ränder des frühmittelalterlichen Siedlungsplatzes bisher nicht erreicht sind.

Das merowingerzeitliche Gräberfeld im Gewann „Hohle–Merzengraben" ist vom Ende des 5. Jahrhunderts bis zum 8. Jahrhundert durchgehend belegt, weshalb in Mengen mit Sicherheit auch von einer kontinuierlichen Besiedlung ab der frühalamannischen Zeit auszugehen ist.

Die Keramik der frühalamannischen Zeit

Problematisch war zu Beginn der Untersuchungen die Ähnlichkeit von Keramikformen und Verzierungen bei der handgeformten vorgeschichtlichen Keramik sowie der Keramik der frühalamannischen Zeit. Besonders die unverzierten Schalen, Kümpfe und Schüsseln der frühalamannischen Zeit (Abb. 11,6; 12,1–6) und der Späthallstatt-Frühlatènezeit sind formal oft kaum zu unterscheiden, so daß diese bei der Untersuchung von Siedlungsfunden nicht nur in Mengen oft verwechselt wurden.

Durch eine detaillierte Analyse der technischen Merkmale wie Oberflächenhärte, Magerungsmenge und der Magerungszuschläge bei der Gefäßkeramik konnten Unterschiede in der Machart von vorgeschichtlicher und frühalamannischer Keramik festgestellt werden. An einem großen Teil der Keramik wurden mineralogische Dünnschliffuntersuchungen durchgeführt. Die Ergebnisse werden an anderer Stelle ausführlich publiziert, weshalb hier nur eine kurze Zusammenfassung genügen soll.

Die Keramik frühalamannischer Zeit ist demnach gegenüber der vorgeschichtlichen Keramik härter gebrannt und stärker mit mineralischer Magerung gemagert. Vorgeschichtliche Keramik im Breisgau hat dagegen zumeist geringere Magerungsanteile oder ist häufig mit dem vulkanischen Augit aus dem Kaiserstuhl gemagert, der leicht durch seine kleinen, schwarz glänzenden Kristalle zu erkennen ist. Eine Augitmagerung ist bei der Keramik frühgeschichtlicher Zeit im Breisgau insgesamt nicht feststellen.

Offensichtlich gab es in bestimmten Zeitphasen unterschiedliche Töpfertraditionen, die differenzierbare technische Eigenschaften oder Magerungsgewohnhei-

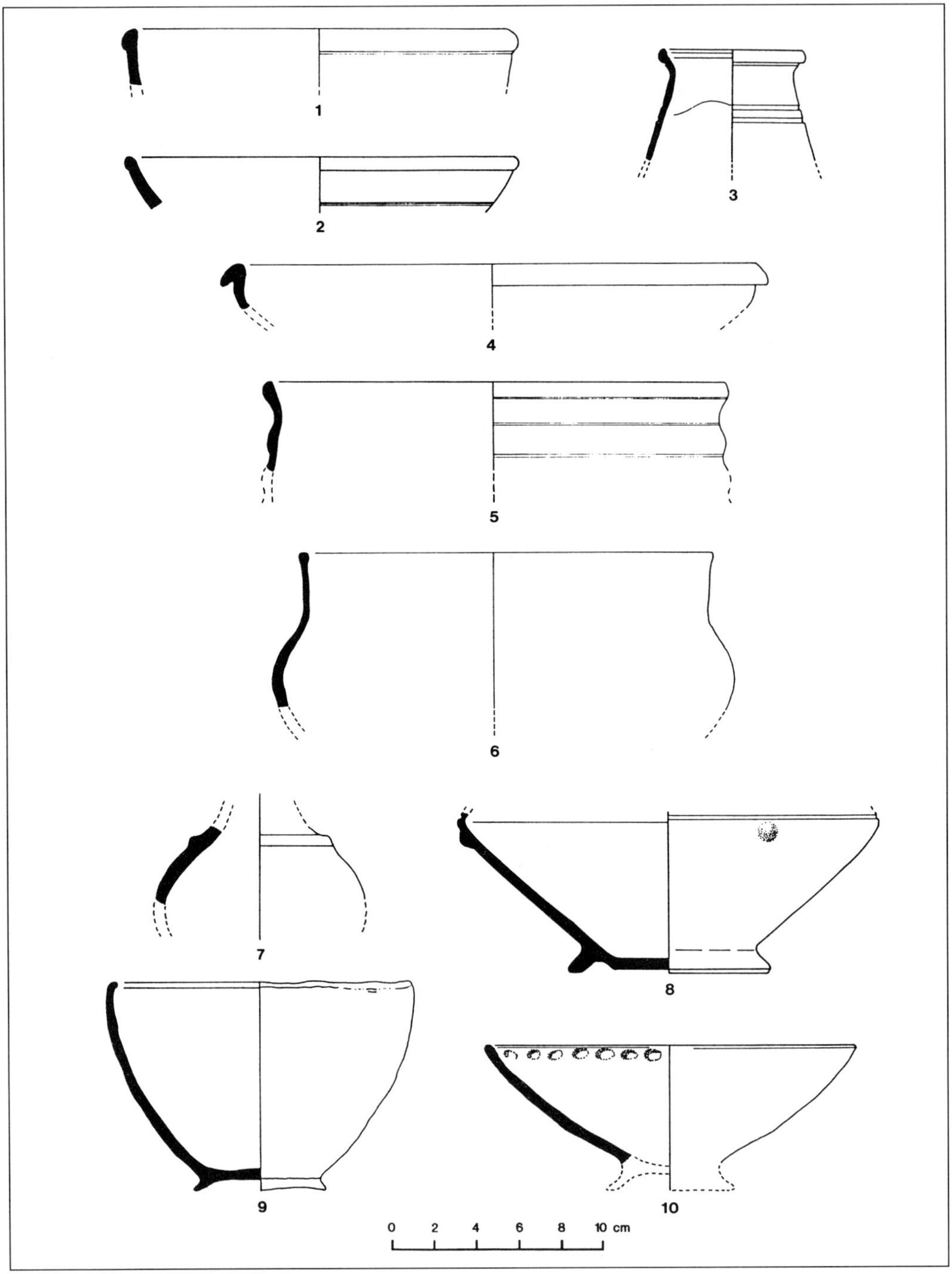

Abb. 11 Keramikgefäße der frühalamannischen Zeit. 1–3 Terra Sigillata, 4 römische tongrundige Drehscheibenware, 5 handgeformte und nachgedrehte Nigraschüssel, 6–10 feintonige handgeformte Ware.

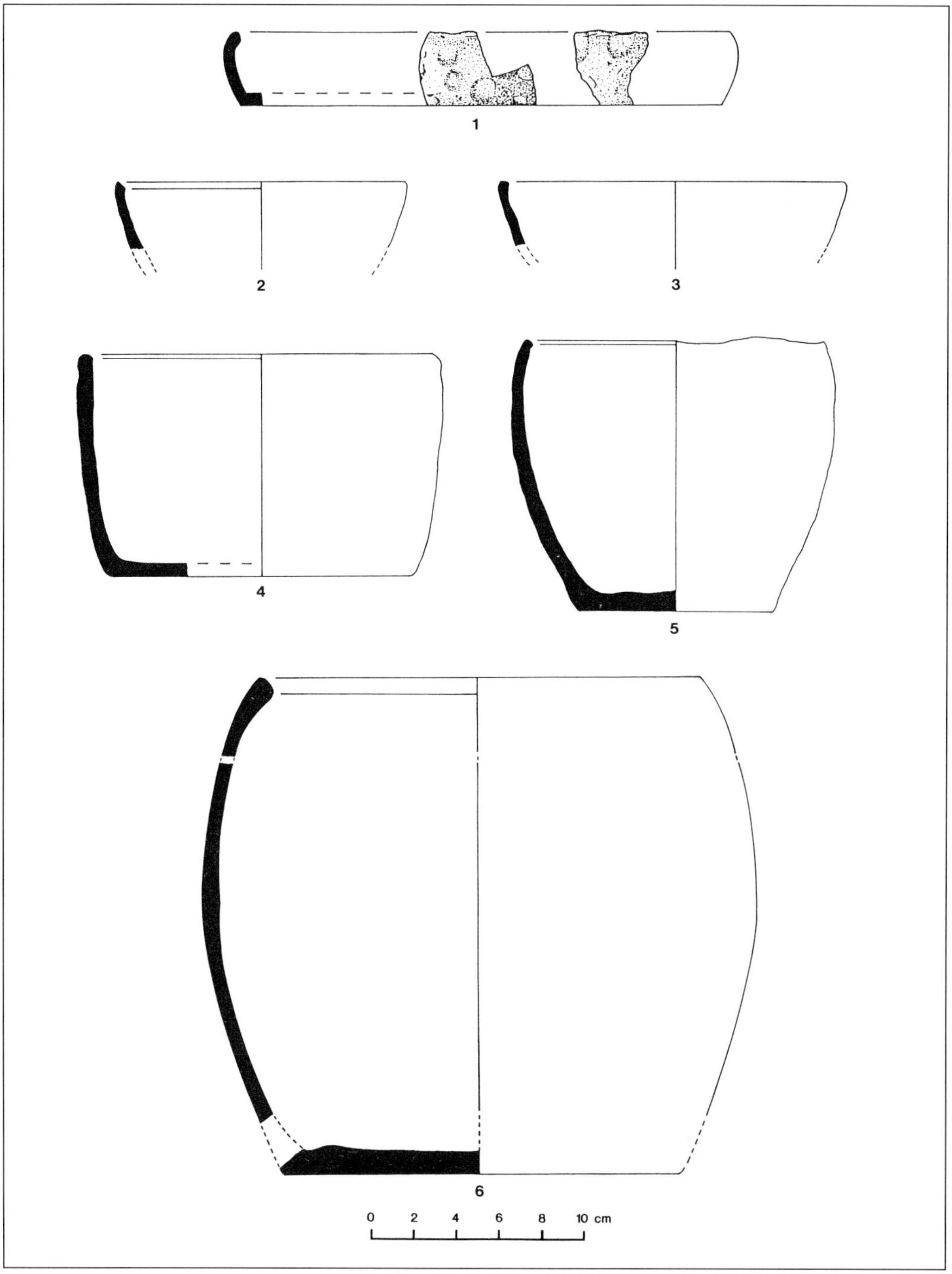

Abb. 12 Handgeformte Grobkeramik frühalamannischer Zeit.

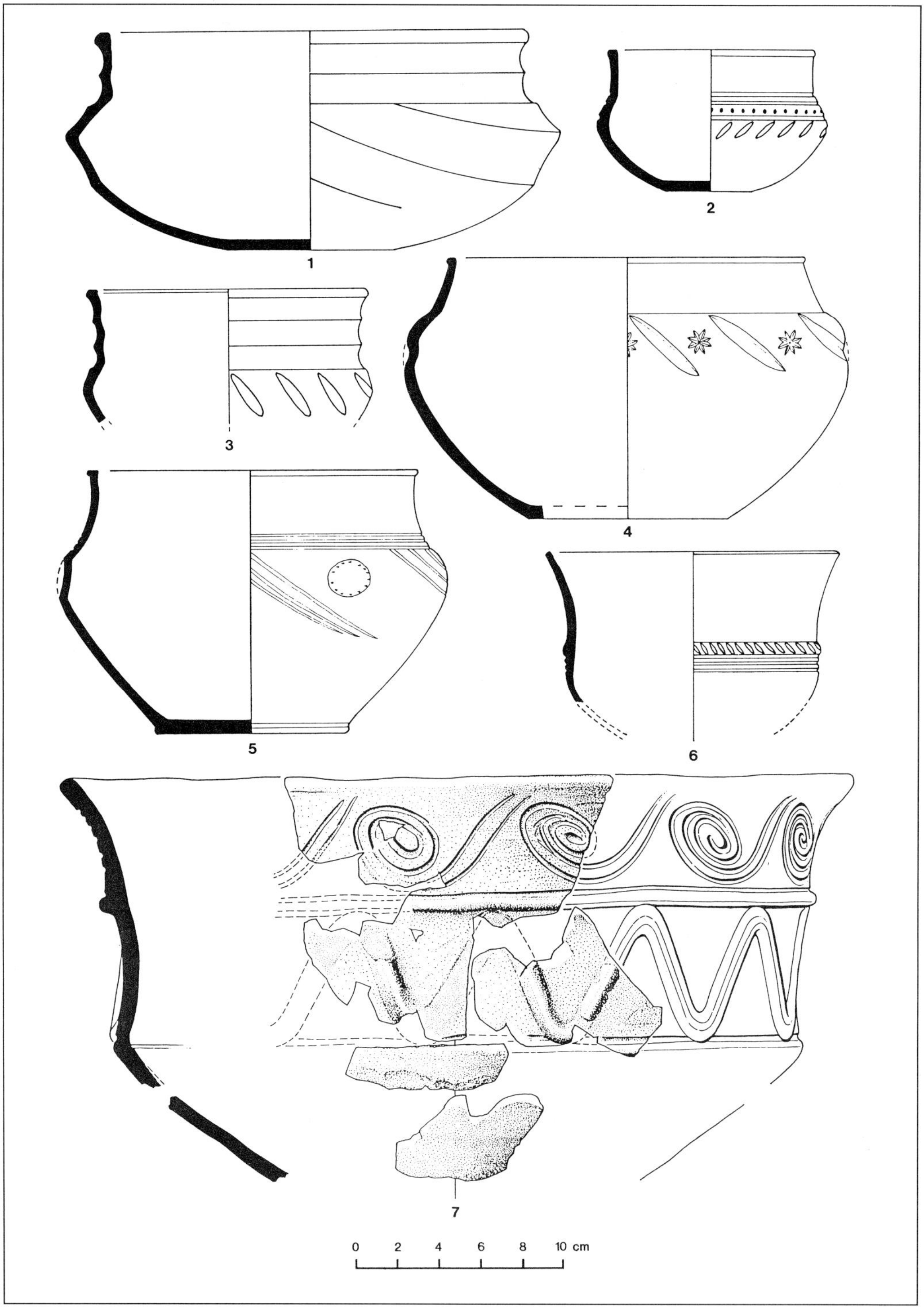

Abb. 13 Handgeformte Feinkeramik frühalamannischer Zeit.

ten bei der Keramik zur Folge haben. Dadurch ist es möglich, die formal sehr ähnliche handgeformte Keramik der Späthallstatt-Frühlatènezeit und der frühalamannischen Zeit von Mengen allein durch technische Merkmale zu unterscheiden.
Zudem läßt sich bei allen Siedlungsplätzen frühalamannischer Zeit des Breisgaus anhand der mineralogischen Dünnschliffuntersuchungen feststellen, daß die Magerungsminerale in den dort gefundenen Keramikgefäßen mehrheitlich aus der direkten Umgebung des Siedlungsplatzes kommen. Auch die nur makroskopisch untersuchten Gefäßeinheiten bestätigen die durch die mineralogischen Untersuchungen gewonnenen Ergebnisse. Man kann deshalb mit großer Wahrscheinlichkeit von einer lokalen Keramikproduktion bei jedem frühalamannischen Siedlungsplatz ausgehen.
Das Keramikrepertoire setzt sich fast ausschließlich aus handgeformten Schalen, Schüsseln, Kümpfen und Flaschen zusammen (Abb. 11,6–10; 12; 13). Römische Drehscheibenkeramik ist in der Mengener Siedlung wie auch in allen anderen Siedlungen der frühalamannischen Zeit im Breisgau nur vereinzelt gefunden worden (Abb. 11,1–4), obwohl man sicherlich von einem (Handels-) Kontakt zwischen Römern und Alamannen in diesem Grenzraum ausgehen kann. Das Keramikrepertoire der gleichzeitigen Höhensiedlung auf dem Zähringer Burgberg weist dagegen zu 40% römische Drehscheibenware auf. Es ist anzunehmen, daß auf dem Zähringer Burgberg der Sitz eines alamannischen Anführers lag, der durch seine übergeordnete Funktion eher in der Lage war, sich mit qualitätvoller römischer Drehscheibenware zu versorgen. Die engen Kontakte der Bewohner des Zähringer Burgberges zu den römischen Nachbarn sind durch den herausragenden Fundstoff deutlich belegt, wodurch sich auch ein Unterschied zu den ländlichen Siedlungen wie in Mengen feststellen läßt.
Die handgeformte und nachgedrehte, sehr feintonige, nigraartige Schüssel (Abb. 11,5) ist wohl eher der germanischen Formtradition zuzuschreiben. Dieses Gefäß ist bisher der einzige Vertreter der nigraartigen Ware in der Mengener Siedlung.
Neben den unverzierten handgeformten Tellern, Schalen und Kümpfen (Abb. 12), oft in grober Machart, gehören auch feintonige handgeformte Fußschalen zum charakteristischen Formenrepertoire der frühalamannischen Zeit (Abb. 11,9.10). Zwei Fragmente können den flaschenartigen Formen frühalamannischer Zeit zugeschrieben werden (Abb. 11,7.8).
Ungewöhnlich ist die große Menge von feintonigen, verzierten Keramikgefäßen aus der Siedlung (Abb. 13,1–6). Diese sind zumeist sehr dünnwandig und außen mit einer geglätteten und glänzend polierten Oberfläche. Die Verzierungen wurden auf der Schulter und dem Bauchumbruch der Gefäße angebracht. Typisch für das 4. und 5. Jahrhundert sind plastische Schrägkanneluren und Schrägriefen auf dem Gefäßbauch, die oft mit einem gerieften Randbereich kombiniert sind. Daneben wurden die Gefäße auch mit einer von Horizontalrillen gerahmten Zone verziert, die mit Keilstichmuster oder eingeritzten Zickzackbändern gefüllt sind (Abb. 14). Diese Keramik zeigt durch ihre Formen und Verzierungen eine direkte Verwandtschaft zu den Keramikgefäßen im elb- und odergermanischen Gebiet, weshalb man annehmen kann, daß die hier siedelnden Germanen ursprünglich aus diesen Gebieten in den Breisgau gekommen sind.

Abb. 14 Mengen „Löchleacker“. Verziertes, feintoniges Keramikgefäß aus Grab 1 (um 400 n. Chr.).

Eine fragmentierte sehr große Schüssel mit einem Randdurchmesser von 37,5 cm wirkt durch ihre Verzierung eher fremdartig (Abb. 13,7). Die Verzierung setzt sich zusammen aus zwei von plastischen Leisten gerahmten Zonen, die im oberen Bereich mit einem eingeritzten Wirbelmuster und im unteren Bereich mit einem plastischen aufgesetzten Wellenband gefüllt sind. In Südwestdeutschland wie auch im elb- und odergermanischen Gebiet sind mir bisher keine Parallelen bekannt. Ähnliche Verzierungsmotive- und Kombinationen sind auf der sarmatischen Keramik des 4./5. Jahrhunderts aus dem ungarischen Tiefland bekannt. Aufgrund der mineralogischen Untersuchung des Gefäßes ist es jedoch kein Import, sondern gleichfalls lokal, in der Mengener Siedlung produziert worden. Möglicherweise wohnten in der frühalamannischen Siedlung von Mengen auch Germanen, die aus dem sarmatischen Gebiet gekommen waren und in der „neuen Heimat“ dann Gefäße nach ihrer Tradition verzierten, ebenso wie Elb- und Odergermanen.

Die handgeformte Keramik der frühalamannischen Zeit von Mengen läßt sich im allgemeinen aus der Tradition elb- und odergermanischer Germanen herleiten, wobei die Formen und Verzierungen der Keramik jedoch keine genauere Herkunftsbestimmung zulassen. Ob die Mengener Alamannen zu der ersten Generation der aus den mitteldeutschen Gebieten ausgewanderten Germanen gehörten oder bereits Nachfahren von an anderer Stelle im Breisgau ansässigen Germanen waren, ist nicht mit Sicherheit zu entscheiden. Die Datierung der Kleinfunde und der Keramik aus der Mengener Siedlung läßt eine Besiedlung durch Germanen an dieser

Stelle erst ab der 1. Hälfte des 4. Jahrhunderts erkennen.

Die Bestattungen der frühalamannischen Zeit bei der Siedlung

Etwa 100 m östlich der Siedlungsbefunde aus frühalamannischer Zeit wurden zwei Körperbestattungen mit Beigaben entdeckt (Abb. 15). Sie lagen nur etwa 50–60 cm unter der heutigen Oberfläche Nord-Süd gerichtet in der Nähe einer merowingerzeitlichen Hofstelle (Abb. 8).
In Grab 1 lag eine Frau, die mit etwa 40 Jahren verstorben war (Abb. 17, B). Sie hatte als Tracht eine silberne Haarnadel an der rechten Kopfseite (Abb. 16,1); im Brustbereich lagen zahlreiche Perlen von zwei Perlenketten, eine besteht aus 48 scheibenförmigen Bernsteinperlen (Abb. 16,3a), die andere aus 58 blauen, grünen und farblosen Glasperlen (Abb. 16,3b). Der auch im Brustbereich gefundene kleine silberne Schleifenring gehörte als Anhänger zu der Glasperlenkette (Abb. 16,2). An der linken Hüftseite trug die Dame ein Gehänge, welches ehemals am Gürtel befestigt war. Es bestand aus fünf Bronzeringen mit Durchmessern zwischen 2,2 cm und 3,7 cm (Abb. 16,4.5.11–13), zwei gerippten Glaswirteln (Abb. 16,6.7), zwei Bronzeschlüsseln (Abb. 16,9), die mit einem Gewebe aus Eisenringen verbacken waren, und einem Eisenschlüssel (Abb. 16,10). Die Lage des fragmentierten Elfenbeinringes im Grab ist nicht mehr festzustellen (Abb. 16,20), da dieser erst bei der anthropologischen Untersuchung des Skelettes entdeckt wurde. Wahrscheinlich gehörte er auch zum Gehänge, wie dies bei gleichzeitigen Gräbern aus Lauffen am Neckar (Kr. Heilbronn) aufgrund der Lage anzunehmen ist. Da hier die Beinringe jeweils nicht um den linken Arm, sondern neben dem Arm bei dem

Abb. 15 Mengen „Löchleacker". Grabungsbefund von Grab 1. Rechts: sechs zerdrückte Keramikgefäßbeigaben.

Gehänge lagen, ist eine Verwendung als Armring eher unwahrscheinlich. Der Frau im Grab 1 wurden als Beigaben sechs Keramikgefäße mitgegeben (Abb. 16,14–19), die vermutlich mit Lebensmitteln für das Jenseits gefüllt waren, welche sich allerdings nicht erhalten haben. Möglicherweise repräsentieren die sechs Gefäße – drei Fußschalen, zwei verzierte Schüsseln und eine Henkeltasse – einen haushaltsüblichen Geschirrsatz der frühalamannischen Zeit.
Im Grab 2 lag eine Frau, die mit etwa 18–20 Jahren verstorben war (Abb. 17,C). Sie wurde mit einer Perlenkette aus 37 blauen, grünen und roten Glasperlen bestattet (Abb. 17,A 2). Als Beigabe bekam sie eine kleine verzierte Schüssel mit ins

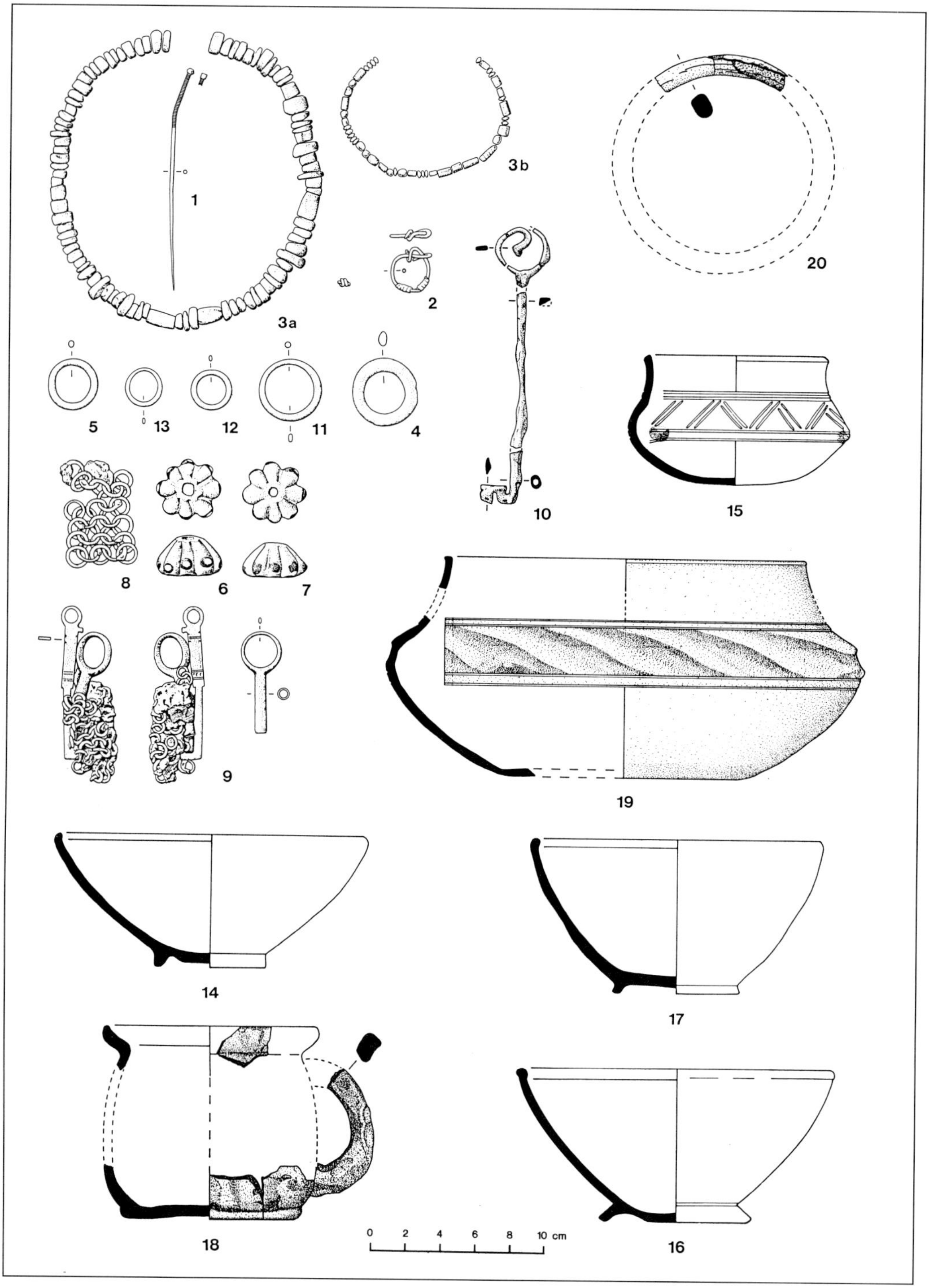

Abb. 16 Das Inventar von Grab 1. 1.2 Silber; 3a, b. 6.7 Glas; 4.5.8.9. 11–13 Bronze; 10 Eisen; 14–19 Keramik; 20 Elfenbein. (Die Nummern entsprechen denen in der Grabzeichnung Abb. 17, B.)

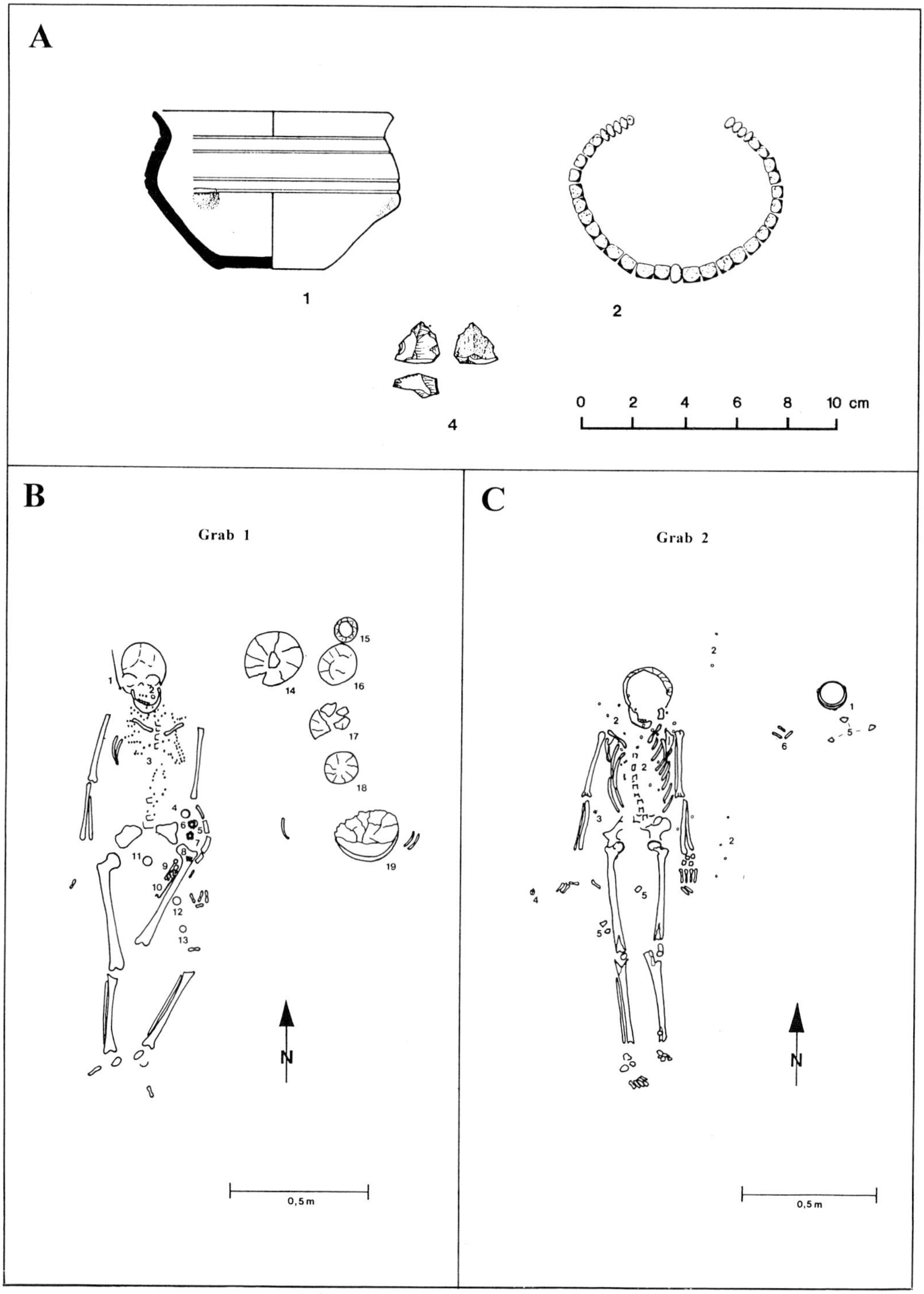

Abb. 17 A: Das Inventar von Grab 2. 1 Keramik; 2 Glas; 4 Silex. (Die Nummern entsprechen denen in der Grabzeichnung Abb. 17, C.) B: Befund von Grab 1. C: Befund von Grab 2.

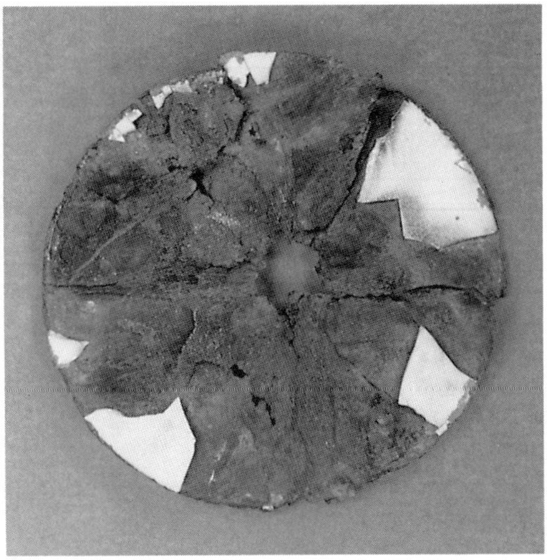

Abb. 18 Lesefund aus einem vermutlichen, zerstörten Brandgrab: Scheibenfibel aus Bronze mit einem weißlichen Belag (Email?).

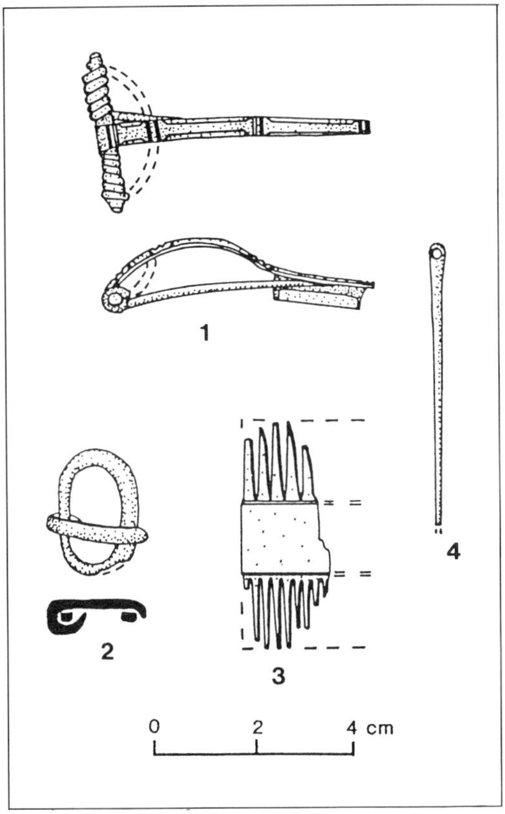

Abb. 19 Lesefunde aus einem vermutlichen, zerstörten Brandgrab: 1 Armbrustfibel aus Bronze; 2 eiserne Gürtelschnalle; 3 Beinkamm; 4 Bronzenadel.

Grab (Abb. 17,A 1), die vermutlich ebenfalls Speisebeigaben enthielt. Aufgrund der Beigaben können diese Bestattungen etwa in die Zeit um 400 n. Chr. datiert werden und gehören somit zu der frühalamannischen Siedlungsphase von Mengen.

Erstaunlich ist, warum bisher nur zwei Bestattungen der Siedlung dieser Zeit zuzuordnen sind, da hier sicherlich mehr Leute gewohnt haben und verstorben sind, wenn man von einer etwa 100 Jahre bestehenden frühalamannischen Siedlung ausgeht. Möglicherweise stammen einige Lesefunde frühalamannischer Zeit aus ehemaligen Brandgräbern, die durch ihre meist nur geringe Eintiefung vielleicht schon zerstört waren. Die fragmentierte Scheibenfibel lag zwischen Oberfläche und 0,70 m Tiefe noch im Pflughorizont in der Nähe eines späthallstatt-frühlatènezeitlichen Grubenhauses (Abb. 18). Die Armbrustfibel aus Bronze wurde zusammen mit einer ovalen Gürtelschnalle, einem zweizeiligen Beinkammfragment und einer Bronzenadel im Humusbereich über einer merowingerzeitlichen Grube als Lesefund entdeckt (Abb. 19,1–4). Sie könnten ebenfalls aus einem zerstörten Brandgrab stammen, zumal diese nur etwa 10 m neben den frühalamannischen Körperbestattungen gefunden wurden. Die Lesefunde aus den vermutlichen Brandgräbern sind in die 1. Hälfte des 4. Jahrhunderts zu datieren und somit früher als die Körperbestattungen.

Denkbar ist, daß die Toten anfänglich noch in der Brandbestattungssitte in der Nähe der Siedlung beigesetzt wurden, bevor man zur Körperbestattung überging, was auch in elbgermanischen Gebieten

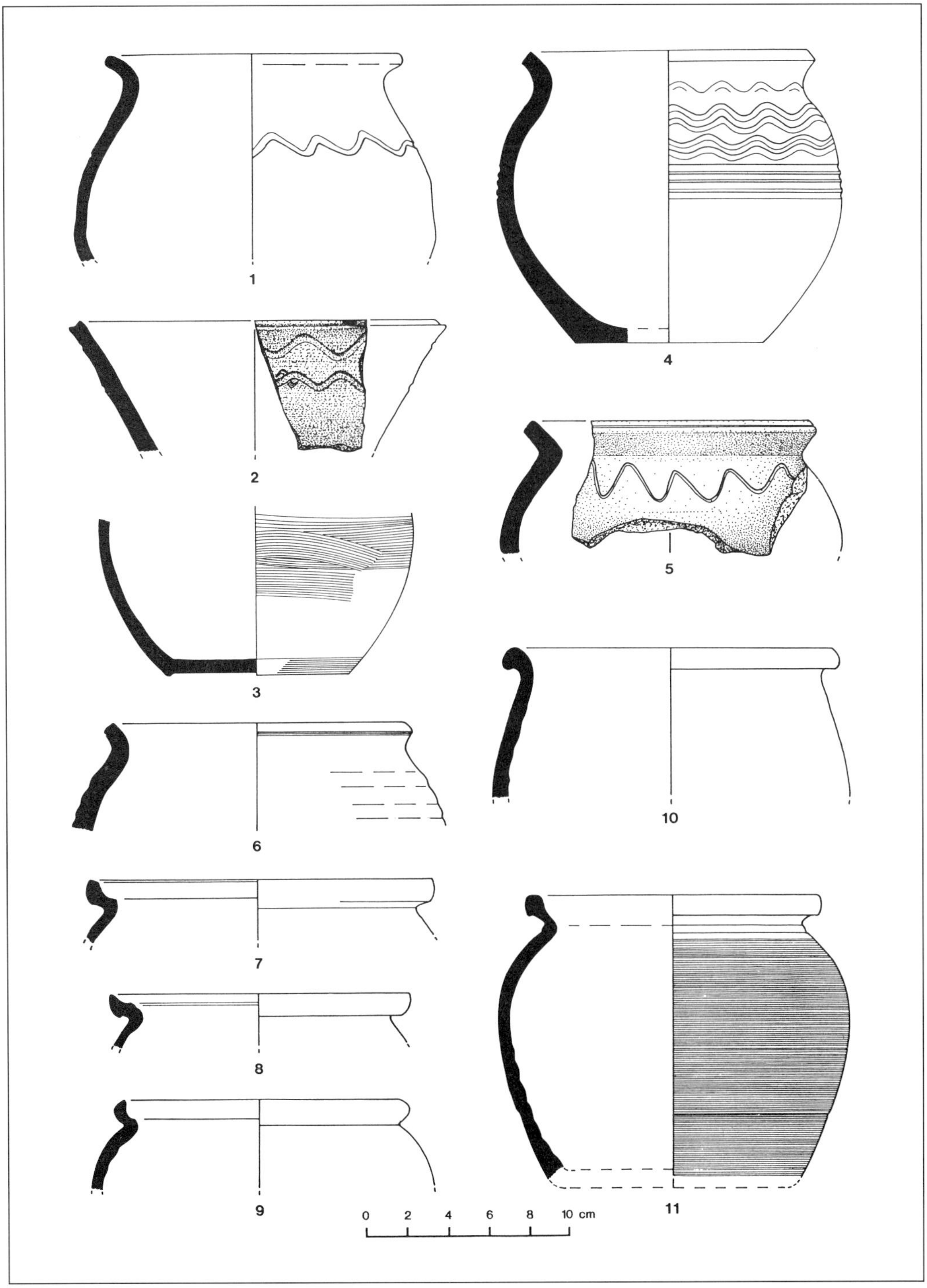

Abb. 20 Keramikgefäße der merowingischen Zeit. 1–5 handgeformte und nachgedrehte Ware; 6–11 scheibengedrehte Ware.

Abb. 21 Keramikgefäße der merowingischen Zeit. 1.3 scheibengedrehte rauhwandige Ware; 2 rotgestrichene Ware; 4.5 scheibengedrehte, reduzierend gebrannte Feinkeramik.

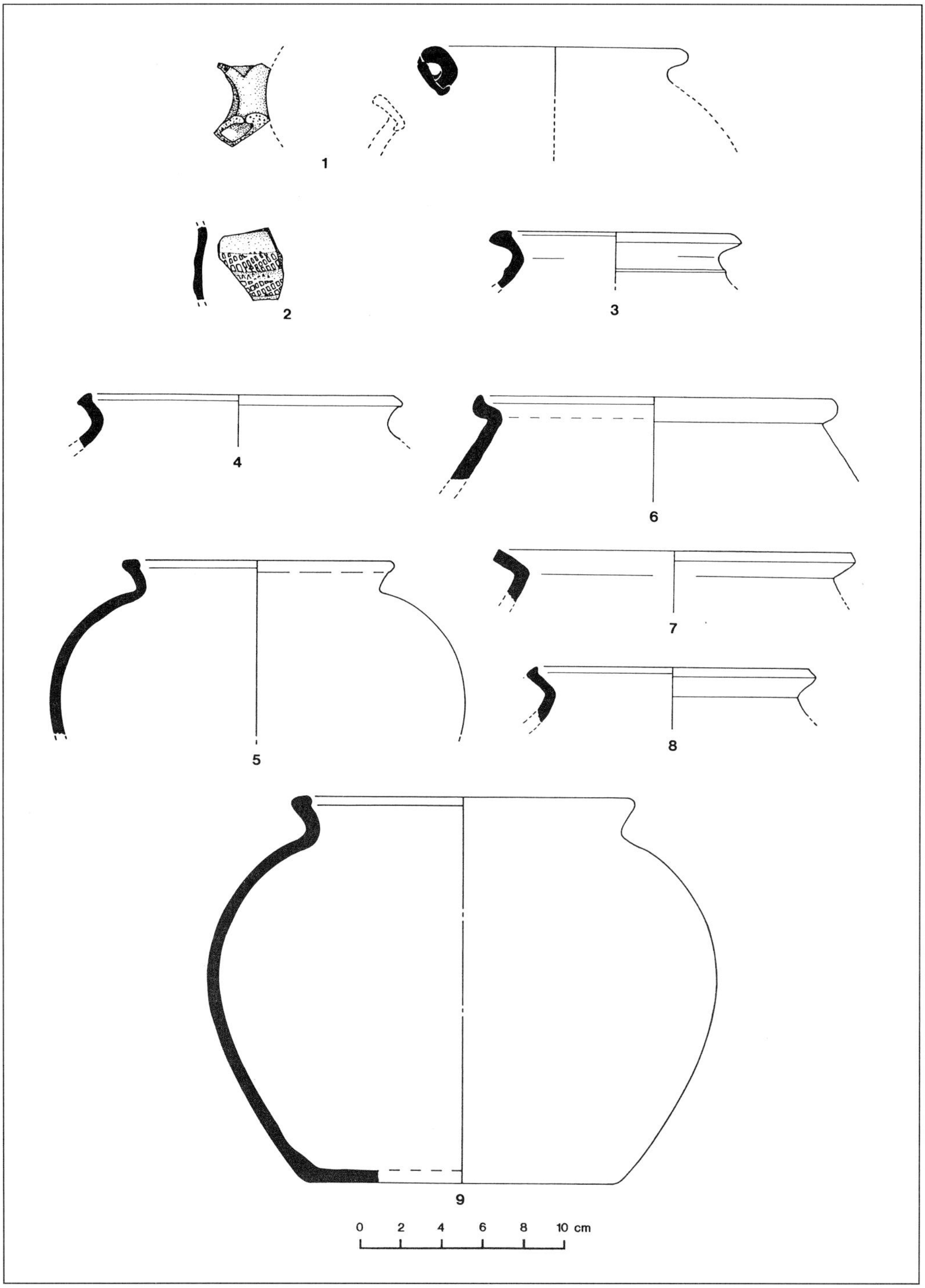

Abb. 22 Keramikgefäße der karolingischen Zeit. 1–3 scheibengedrehte Ware; 4–9 handgeformte und nachgedrehte Ware.

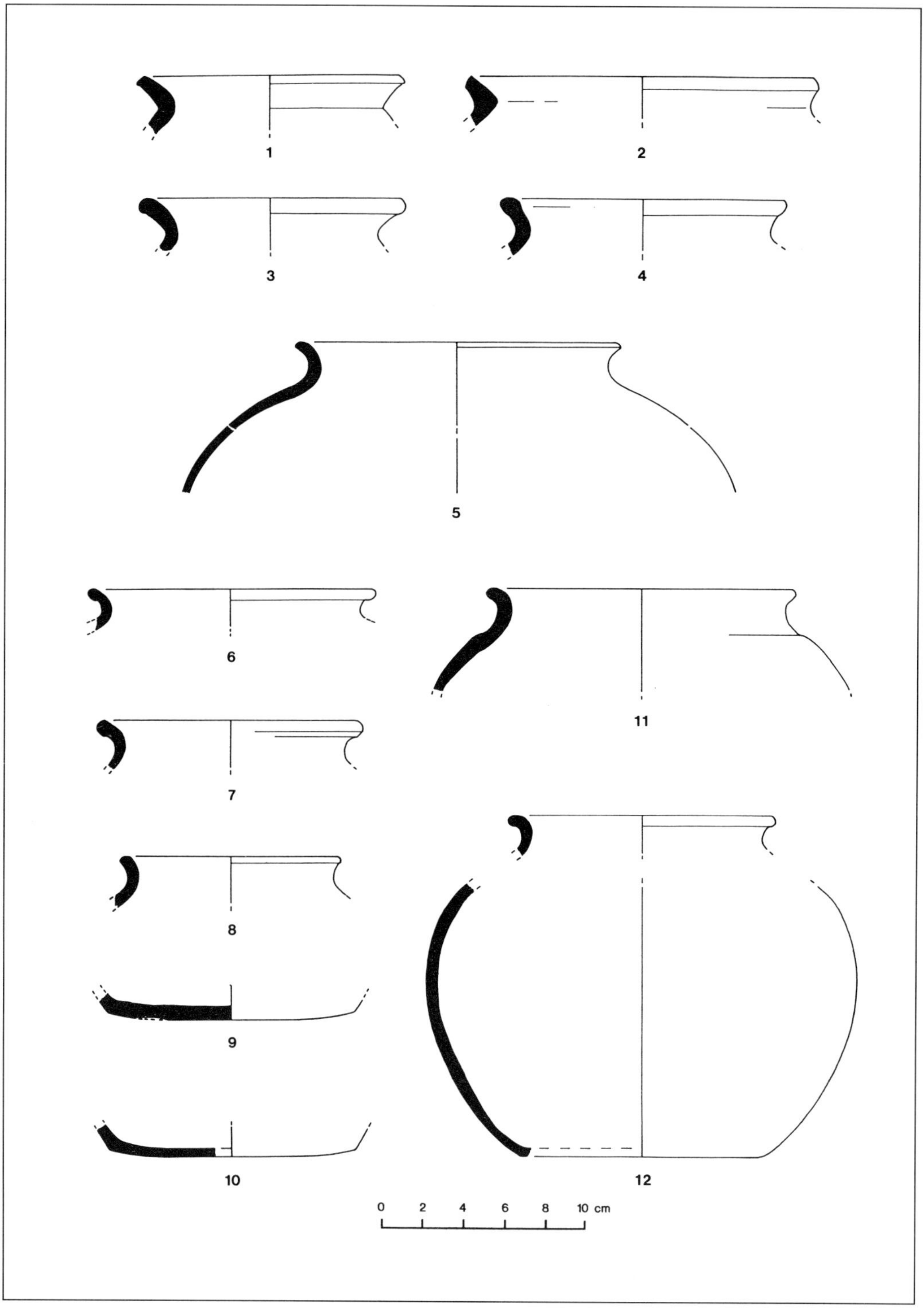

Abb. 23 Keramikgefäße der ottonischen Zeit. 1–12 handgeformte und nachgedrehte Ware.

festgestellt werden konnte. Ab dem Ende des 5. Jahrhunderts bestattete man die Toten dann zentral auf einem Reihengräberfeld. In dem großen Reihengräberfeld von Mengen im Gewann „Hohle–Merzengraben" sind die ältesten Gräber in diese Zeit zu datieren.

Die Keramik von der merowingischen bis zur ottonischen Zeit

Die Keramikgefäße aus der Siedlungsgrabung vom Ende des 6. bis zum 8. Jahrhundert sind vergleichbar mit denen aus den gleichzeitigen Gräbern vom Reihengräberfeld in Mengen. Mehrheitlich ist die in der Mengener Siedlung gefundene Keramik in der Merowingerzeit immer noch handgeformt oder teilweise nachgedreht (Abb. 20,1–5). Sie hat sich aber seit der frühalamannischen Zeit in Formen und Verzierungen weiterentwickelt. Die weitaus häufigste Gefäßform ist zu dieser Zeit ein kugeliger bis eiförmiger Topf mit kurzem ausbiegendem Rand. Diese Töpfe wurden zum Teil mit eingeritzten Wellenlinien auf der Schulter oder flächig mit Kammstrich verziert. Handgeformte Kümpfe sind relativ selten und eher kleiner als in frühalamannischer Zeit. Die geglätteten Fußschalen und breite Schüsselformen der frühalamannischen Zeit sind in der merowingerzeitlichen Siedlungsphase völlig aus der Mode gekommen. Möglicherweise wurden solche Formen, die am ehesten als Trinkschalen und Auftragschüsseln, aber nicht als Kochtopf benutzt werden konnten, in merowingischer Zeit aus Holz gefertigt und sind deshalb nicht mehr nachweisbar. Töpfe und Kümpfe zeigen dagegen häufig Brandspuren und verkohlte Speisereste, was auf ihre Verwendung als Kochtopf hinweist.
Auffällig ist das häufige Vorkommen von scheibengedrehten rauhwandigen Töpfen (Abb. 20,6–11) in der Mengener Siedlungsphase vom Ende des 6. bis zur Mitte des 7. Jahrhunderts im Vergleich zu den anderen merowingerzeitlichen Siedlungsplätzen des Breisgaus. Die Formen der rauhwandigen, zumeist unverzierten Töpfe beruhen auf einer Weiterentwicklung spätrömischer Keramiktradition. Wahrscheinlich wurden sie nicht in Mengen selbst hergestellt, sondern von Orten – etwa aus dem Elsaß – importiert, die eine kontinuierliche Entwicklung in der Produktion scheibengedrehter Keramik aufweisen.
Die Fragmente einer scheibengedrehten rotgestrichenen Schale (Abb. 21,2) sind im Breisgau bisher ebenso einzigartig wie ein scheibengedrehter Topf mit einem Gefäßbügel (Abb. 21,1), der im gesamten Südwestdeutschland bisher keine Parallele hat, aber im nordfranzösischen Raum offensichtlich verbreitet ist (freundliche Mitteilung M. Chatelet). Die reduzierend gebrannte feintonige Drehscheibenware mit Rädchendekor oder Kammstrichverzierung (Abb. 21,4.5) entwickelte sich aus der Tradition der spätrömischen Nigraware.
Das Formenspektrum der lokalen Keramikgefäße aus der karolingischen bis ottonischen Siedlungsphase ist ausschließlich auf einfache handgeformte und am Rand nachgedrehte Töpfe reduziert (Abb. 22,4–9; 23,1–12). Offensichtlich wurden alle weiteren Gebrauchsformen wie Teller und Schalen aus Holz gefertigt, die uns durch die ungünstigen Bedingungen in dem mineralischen Lößboden von Mengen nicht erhalten sind. Die nur vereinzelt gefundenen Fragmente von scheibengedrehten Keramiktöpfen (Abb. 22,1–3) sind wohl auch in dieser Siedlungsphase als Importe zu werten. Dazu gehören Fragmente von Töpfen und Kannen der „gelbtonigen oberrheinischen Drehscheibenware", die

im mittleren und nördlichen Oberrheingebiet produziert und dort in großen Mengen auch in den frühmittelalterlichen Siedlungen gefunden wurde. In den Siedlungen des Breisgaus sind scheibengedrehte Töpfe und Kannen der oberrheinischen gelbtonigen Drehscheibenware allerdings eine Seltenheit und wahrscheinlich nicht durch regulären Handel hierher gelangt.
In ottonischer Zeit sind überwiegend sehr dünnwandige, handgeformte Töpfe mit einem nachgedrehten Rand und zum Teil mit leicht rundlichen, sogenannten Wakkelböden in Gebrauch (Abb. 23,5–12).

4. Wirtschaftliche Grundlagen im frühen Mittelalter

Landwirtschaft und Ernährung

Aus den Befunden von Mengen wurde neben Keramik- und Kleinfunden aus Metall und Bein auch Material geborgen, das Hinweise auf die Nahrungsmittelversorgung und die Wirtschaftsweise der ehemals hier siedelnden Germanen gibt.
Die Untersuchung von einigen Bodenproben durch Dr. M. Rösch, Landesdenkmalamt Baden-Württemberg, erbrachte verkohlte Pflanzenreste, die einen Getreide-

Abb. 24 Pflanzenreste der frühalamannischen und karolingischen Zeit.

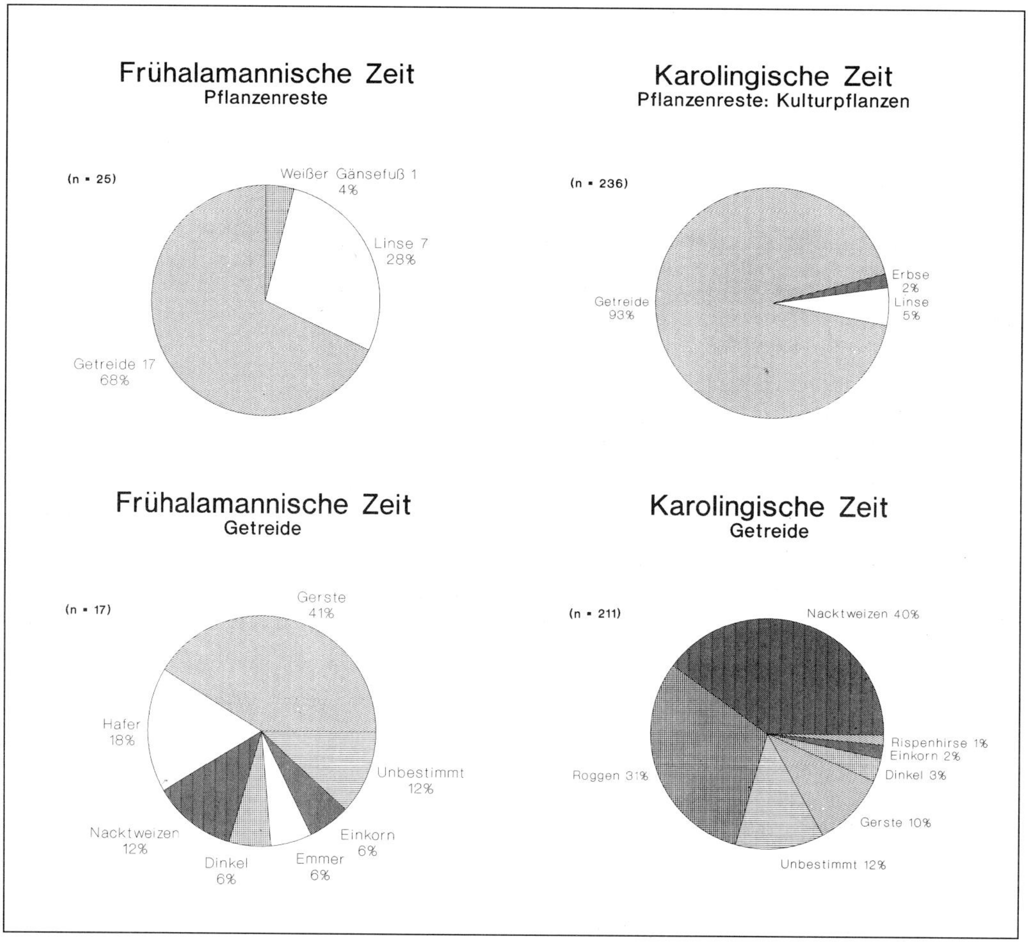

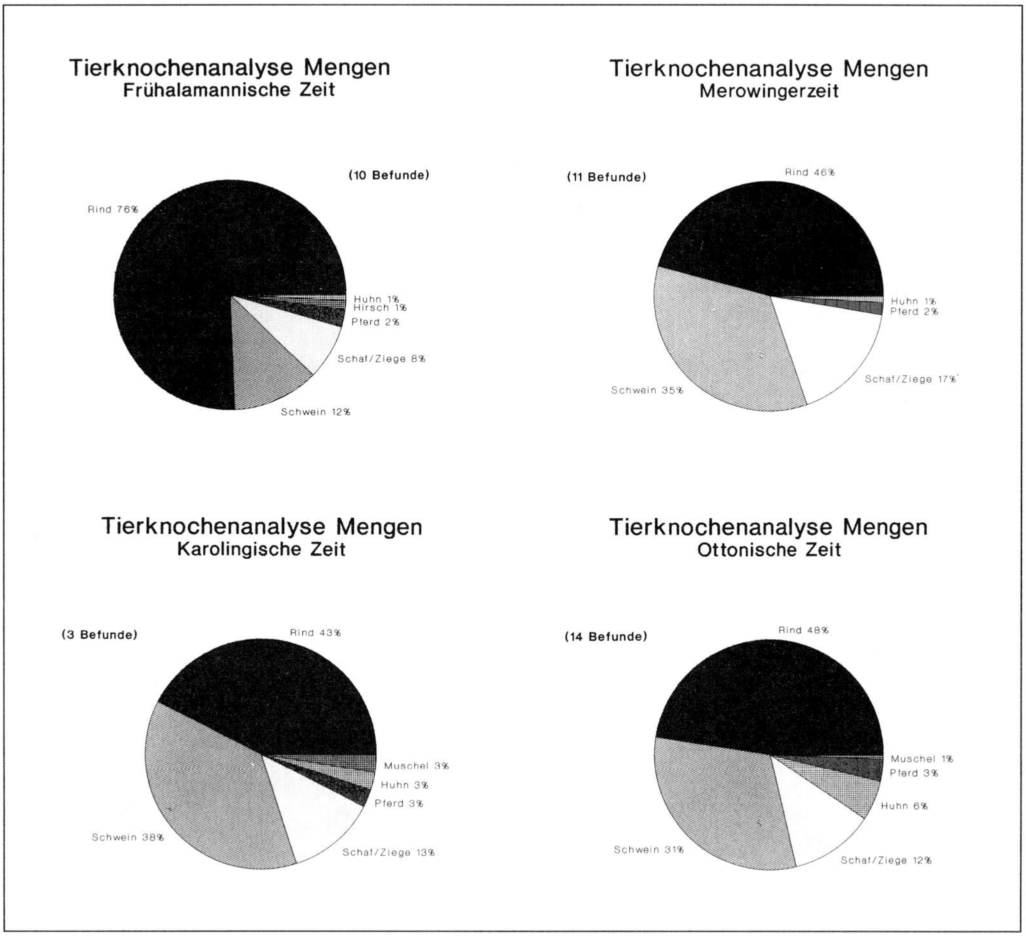

Abb. 25 Tierknochen aus den Befunden der frühmittelalterlichen Siedlungsphasen.

und Gemüseanbau belegen. In frühalamannischer Zeit ist in der Mengener Siedlung die Gerste mit einem Anteil von 41% wichtigstes Getreide, zudem wurde auch Hafer (17%) und Nacktweizen (12%) angebaut (Abb. 24). In geringem Maße wurde Dinkel, Emmer und Einkorn nachgewiesen. An Gemüse ist bisher nur die Linse vertreten. Die Pflanzenreste aus den gleichzeitigen Siedlungsbefunden von Mühlheim-Stetten an der Donau (Kr. Tuttlingen) zeigen ebenfalls eine Dominanz von Gerste im Getreidespektrum. Möglicherweise war Gerste die Hauptgetreidesorte in frühalamannischer Zeit, allerdings liegen zu wenige Analysen vor, um die bisherigen Ergebnisse verallgemeinern zu können.

Bei den untersuchten Bodenproben der karolingischen Siedlungsbefunde vom Gewann „Hofstatt" dominiert Nacktweizen mit 40% im Getreidespektrum. Daneben spielt jetzt auch Roggen mit 30% Anteil offensichtlich eine wichtige Rolle. Gerste ist dagegen mit einem Anteil von nur noch 10% vertreten. Dinkel, Einkorn, Rispenhirse und Hafer sind in unbedeutend geringen Mengen nachgewiesen. Die Domi-

nanz von Nacktweizen ist auch in den merowingisch-karolingischen Siedlungsphasen von Renningen (Kr. Böblingen) und Mühlheim-Stetten belegt. In Lauchheim-Mittelhofen (Ostalbkreis) dominiert dagegen der Haferanbau. Da bis jetzt nur wenige repräsentative Getreidespektren von frühmittelalterlichen Siedlungsplätzen in Südwestdeutschland bekannt bzw. ausgewertet sind, können für diesen Raum noch keine Tendenzen in der Entwicklung des Getreideanbaus beschrieben werden.
Die in großer Zahl gefundenen Tierknochen sind als Speisereste in die Abfallgruben gelangt, da sie zum Großteil fragmentiert sind und Schnittspuren aufweisen. Sie wurden von G. White, Landesdenkmalamt Baden-Württemberg, untersucht. Den größten Anteil der frühalamannischen Zeit machen mit 76% die Rinderknochen aus (Abb. 25). Daneben spielten Schwein mit 12% und Schaf/Ziege mit 8% eine untergeordnete Rolle bei der Fleischversorgung. Nur vereinzelt fanden sich Knochenreste von Huhn (1%), Hirsch (1%) und Pferd (2%).
Im Vergleich dazu scheint die Fleischversorgung von der Merowingerzeit bis zur ottonischen Zeit, also vom 7. bis zum 11. Jahrhundert, in Mengen nicht mehr überwiegend auf Rindern, sondern fast gleichwertig auch auf Schweinen zu basieren. Die Haltung bzw. der Verzehr von Schaffleisch scheint in diesen Siedlungsphasen ähnlich wie in der frühalamannischen Zeit keine so große Bedeutung zu haben. Wahrscheinlich wurden Schafe in den frühgeschichtlichen wie in den vorgeschichtlichen Epochen überwiegend zur Wolleproduktion gehalten und dienten erst sekundär als Fleischlieferant.
Der Anteil von Wildtierknochen ist in allen Siedlungsphasen in Mengen vom Neolithikum bis ins Mittelalter nur sehr klein (um 1%), was im allgemeinen auch bei anderen Siedlungsplätzen Südwestdeutschlands festzustellen ist.
Demnach kann man annehmen, daß die Nahrungsmittelversorgung auf der Haustierhaltung und dem Getreideanbau basierte. Das Jagen von Waldtieren und das Sammeln von Wildfrüchten spielte nach den bisherigen Erkenntnissen bei der Ernährung in der frühmittelalterlichen Siedlung von Mengen nur eine sehr untergeordnete Rolle.

Handwerk und Handel

Zahlreiche Schlackenreste und vereinzelte Erzbrocken aus den frühmittelalterlichen Siedlungsphasen belegen eine Metallverarbeitung an diesem Platz. Nach den mineralogischen und chemischen Untersuchungen von Dr. H. Maus und Dr. M. Martin, Geologisches Landesamt Baden-Württemberg, wurde in Mengen nicht nur Eisen weiterverarbeitet, sondern zumindest in frühalamannischer Zeit auch kleine Mengen Eisenerz verhüttet.
Daneben wurde von der merowingischen bis zur ottonischen Zeit Silber und Bronze verarbeitet, was einerseits durch einige kleine Gußtiegel (Abb. 26,1.2) mit entsprechenden Metallresten und andererseits durch die Schlackeanalysen belegt ist. Einige Eisenstifte könnten als Feinpunzen bei der Buntmetallverarbeitung genutzt worden sein (Abb. 26,3–5). Ein kleines Bronzegewicht (112 g; Abb. 26,6) wurde

Abb. 26 Funde handwerklichen Charakters aus der frühmittelalterlichen Siedlung. 1.2 Keramikgußtiegel (gerastert: Silberreste); 3–5 Punzen (?) aus Eisen; 6 Bronzegewicht; 7 Tondüse; 8–11 Spinnwirtel aus Ton und Stein (10); 12 Webgewicht aus Ton; 13 Scherenfragment aus Eisen; 14 Bronzenadel; 15 angeschliffener Pferdeknochen; 16–18 Kammfragmente aus Bein; 19–24 bearbeitete Geweih- und Beinfragmente. ▶

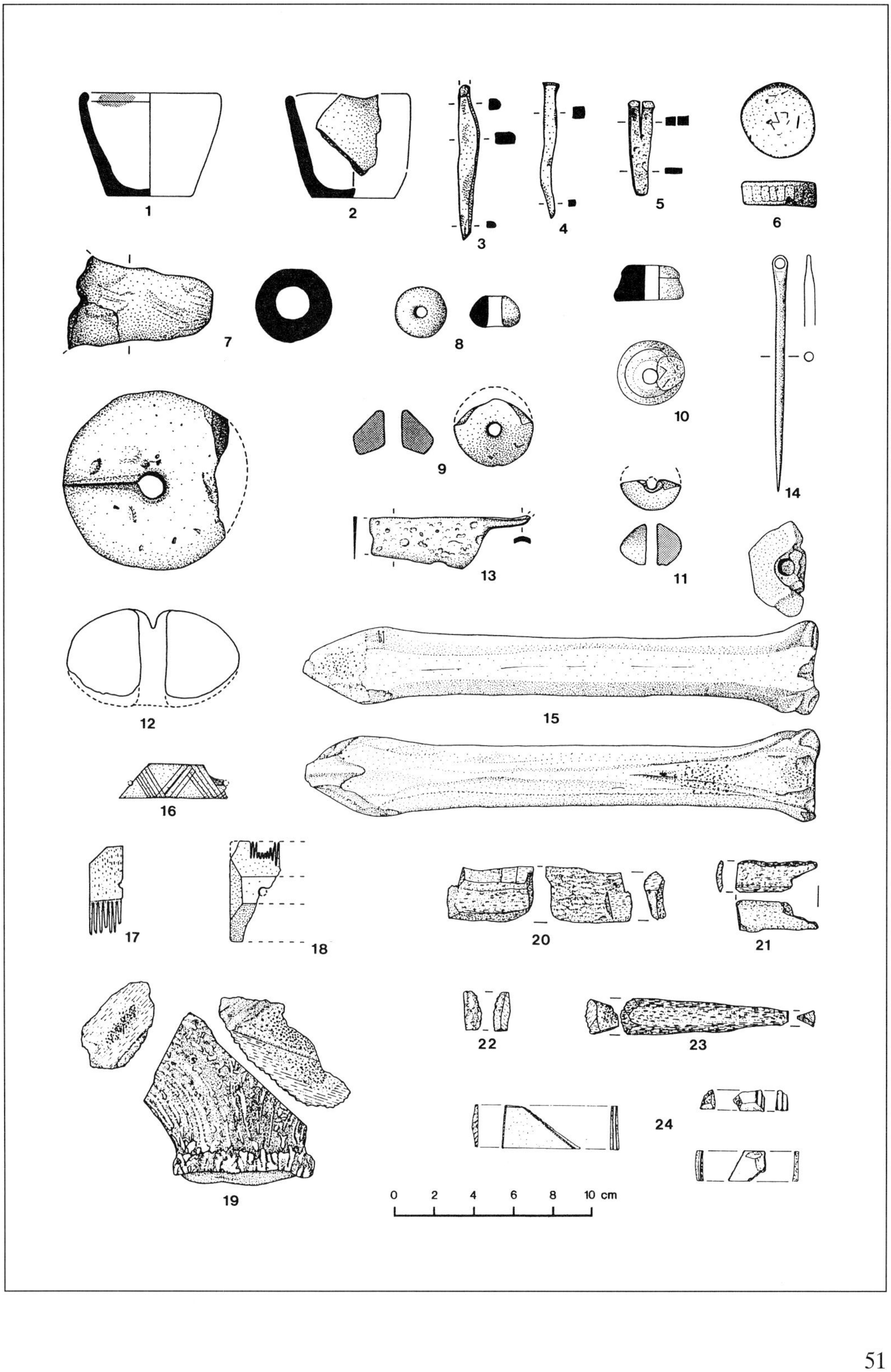
1
2
3
4
5
6
7
8
9
10
11
12
13
14
15
16
17
18
19
20
21
22
23
24
0 2 4 6 8 10 cm

Abb. 27 Handgeformtes Keramikgefäß frühalamannischer Zeit mit ortsfremder, pegmatitischer Magerung.

in einer Grube des 11. Jahrhunderts gefunden und diente der Feinabwägung von Münzen oder Edelmetall. Die Düse eines Schmiedeofens (Abb. 26,7), an der ein Blasebalg angeschlossen wurde, stammt aus einer merowingerzeitlichen Grube.
Zahlreiche Webgewichte, Spinnwirtel, Nähnadeln und ein Scherenbruchstück (Abb. 26,12–14) belegen eine Textilproduktion in den frühmittelalterlichen Siedlungen. Außerdem fanden sich Geräte, die auf eine Lederverarbeitung hinweisen: In einer frühalamannischen Siedlungsgrube wurde der angeschliffene Röhrenknochen eines Pferdes entdeckt (Abb. 26,15). Solche Knochen dienten bis in die Neuzeit als Glättwerkzeuge für die Lederbearbeitung.
Kleingesägte Geweihknochen und roh bearbeitete Knochenfragmente (Abb. 26,19–24) sind Zeugnisse einer Beinverarbeitung. Aus Knochen und Geweih stellte man im frühen Mittelalter Beinkämme, die in mehreren Fragmenten aus der Mengener Siedlung vorliegen (Abb. 26,16–18), und auch Messergriffe, Pfrieme oder Schmuck her.
Wenige Fragmente von scheibengedrehter römischer Keramik (Abb. 11,1–4) und drei römische Bronzemünzen lassen sicherlich nicht auf einen Handel, sondern eher auf einen zeitweiligen Kontakt zu den römischen Nachbarn in frühalamannischer Zeit schließen.
Die handgeformten Keramikgefäße der frühalamannischen Siedlungsphase wurden fast ausschließlich in der Siedlung selbst produziert. Allerdings sind einige handgeformte Gefäße der frühalamannischen Siedlung von Mengen wahrschein-

lich in anderen Siedlungsplätzen getöpfert worden, da ihre Magerungsbestandteile nach den mineralogischen Untersuchungen nicht in der direkten Umgebung von Mengen anstehen. Drei Gefäße sind mit dem Karbonatit aus dem Kaiserstuhl gemagert. Diese Magerungsart ist bei der Keramik der frühalamannischen Siedlung von Jechtingen im Kaiserstuhl die Regel, jedoch in Mengen die Ausnahme. Nur ein Gefäß von Mengen ist mit pegmatitischem Gestein gemagert (Abb. 27). Pegmatitisches Gestein steht in geringem Maße auf Gängen im granetoiden Grundgebirge des Schwarzwaldes an. Allerdings verwundert es, wenn der Aufwand, diese Magerungsmittel zu besorgen, nur für ein oder wenige Gefäße betrieben wurde. Daneben ist die auffallend sorgfältige Machart dieses Gefäßes ein weiteres Indiz dafür, daß es wahrscheinlich nicht in Mengen produziert wurde.

In der merowingerzeitlichen Siedlung sind die scheibengedrehten Keramikgefäße mit hoher Wahrscheinlichkeit importiert (Abb. 20,6–11; 21, 2.3), da sie in der Mengener Siedlung wie im gesamten Breisgau relativ selten vorkommen. Bei einer lokalen Produktion scheibengedrehter Keramik würde man von einem größeren Absatzmarkt ausgehen, der nicht nur die Mengener Siedlung versorgt haben dürfte. Die überwiegend gefundene handgeformte Keramik wurde von den merowingerzeitlichen Bewohnern selbst hergestellt.

Einige Fragmente der „oberrheinischen gelbtonigen Drehscheibenware“ aus der karolingisch-ottonischen Siedlungsphase (Abb. 22,1–3) belegen auch zu dieser Zeit weiträumige Kontakte der Bewohner der Mengener Siedlung.

Offensichtlich versorgten sich die frühmittelalterlichen Bewohner der Mengener Siedlung überwiegend mit eigenen Nahrungsmitteln, Gebrauchsgegenständen und Textilien. Andererseits sind unter anderem durch die importierten Keramikgefäße in fast allen Siedlungsphasen weiträumige Beziehungen der Bevölkerung im frühen Mittelalter belegt.

Abb. 28 Scheibenfibel aus Bronze mit blauen und weißen Emaileinlagen (Dm. 3 cm). Karolingisch-ottonische Siedlungsphase.

Abb. 29 Silberne Zierscheibe mit plastischem Tiermotiv und Filigrandekor (Dm. 2 cm). Karolingisch-ottonische Siedlungsphase.

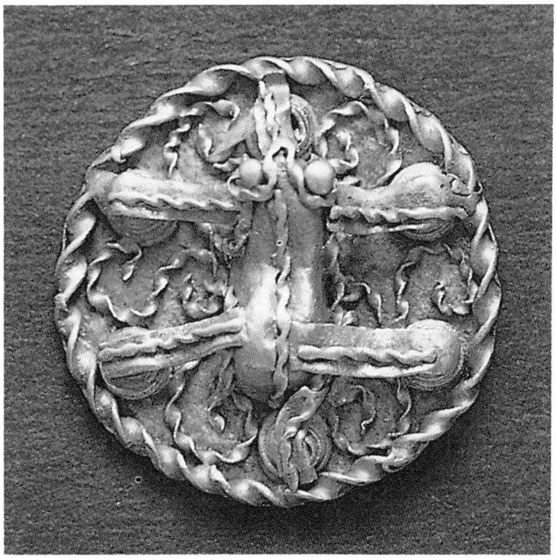

Die Beigaben der zwei Frauenbestattungen aus frühalamannischer Zeit lassen auf wohlhabende Bewohner dieses Siedlungsplatzes schließen.
Eine Bronze- und Silberverarbeitung in der spätmerowingischen- bis ottonischen Phase läßt sogar eine zentrale Funktion dieses Siedlungsplatzes vermuten. Buntmetallverarbeitung ist in frühmittelalterlichen Siedlungen bisher nur selten nachgewiesen, die dann auch insgesamt eine zentrale Funktion für das Umland einnehmen. Daß in der Merowingerzeit einige einflußreiche Bewohner in Mengen gelebt haben, läßt sich außerdem durch die reichen und teilweise außergewöhnlichen Beigaben aus dem gleichzeitigen Gräberfeld im Gewann „Hohle–Merzengraben" belegen.
Auch für die karolingisch-ottonische Siedlungsphase von Mengen geben zwei außergewöhnliche Schmuckstücke einen Hinweis auf einflußreiche oder höher gestellte Bewohner: es sind dies eine Emailscheibenfibel mit blauen und weißen Emaileinlagen (Abb. 28) und eine silberne Zierscheibe mit einem plastischen vierfüßigen Tiermotiv und Filigrandekor (Abb. 29). Emailscheibenfibeln kommen in Nord- und Osteuropa etwa zur Zeit der Missionierung im 8./9. Jahrhundert noch in den Gräberfeldern vor und haben überwiegend christliche Bildmotive auf der Schauseite. In Südwestdeutschland und der Schweiz sind sie seltener in den Siedlungen und Burgen des 10./11. Jahrhunderts nachgewiesen. Besonders ungewöhnlich ist jedoch die silberne Zierscheibe, die in diesem Raum bisher einzigartig ist. Vergleichbare Zierscheiben oder Appliken sind nur aus dem nordeuropäischen Raum im Gebiet der Wikinger und Slawen bekannt. Möglicherweise sind die Emailscheibenfibel und die silberne Zierscheibe durch Handel oder als Mitbringsel eines weitgereisten Alamannen nach Mengen gelangt.

Christel Bücker

V. Das alamannische Gräberfeld von Mengen („Hohle - Merzengraben“)

Das Gräberfeld wurde in mehreren Grabungskampagnen vor dem 2. Weltkrieg von 1932–1936 zum großen Teil ausgegraben. Es wurden dabei unter der Leitung von W. Jorns, F. Garscha, R. Lais und J. Werner 748 Gräber untersucht. Erst 1973 konnte das Projekt weitergeführt werden. Angeregt von Prof. Werner und maßgeblich unterstützt vom Leiter der Archäologischen Denkmalpflege in Freiburg, Dr. G. Fingerlin, war nun dem Verfasser die Aufgabe gestellt, das Gräberfeld auf der „Hohlen“ vollständig auszugraben und entsprechend auch die Gräberfeldgrenzen festzustellen, ein Unternehmen, das 1974 abgeschlossen werden konnte.

Kurz vor der Grabung 1973 wurde in diesem Bereich eine Flurbereinigung durchgeführt, wobei es dem besonderen Geschichtsinteresse der Verantwortlichen zu danken ist, daß im gefährdeten Bereich tiefgründige Planierarbeiten vermieden wurden. Es waren noch fehlende Flächen innerhalb der früheren Grabungen wie auch die westliche, nördliche und östliche Ausdehnungsgrenze zu ergraben. Daß diese großen Flächen untersucht werden konnten, ist auch der großzügigen Bereitschaft und Unterstützung der Mengener Bevölkerung zu verdanken.

Der Friedhof mit seinen ursprünglich sicher über 1000 Bestattungen liegt an einem exponierten Osthang nordwestlich des heutigen Ortskernes auf einem ca. 20 m mächtigen Lößrücken. Dabei ist die älteste Gräberfeldzone in der Mitte des Gräberfeldes zu lokalisieren, an einer Stelle, mit der sowohl vom Ortskern aus wie auch vom gegenüberliegenden Kapf – einem kleinen Höhenrücken, auf dem nach Meinung des Verfassers ein größerer Hof im Frühmittelalter gelegen haben muß – besonders gute Sichtkontakte bestanden.

Eine Umgrenzung oder Einfriedung des ca. 2 ha großen Areals war nicht feststellbar, jedoch bildete wohl in der ersten Belegungszeit des Friedhofs (Ende des 5./Anfang des 6. Jahrhunderts) die Senke eines ehemaligen römischen Hohlweges, der vom Ortskern nach Norden führte, die Westgrenze. Die Ostgrenze lag am Auslauf des Osthanges. Die Nordgrenze bildete offensichtlich ein einen römischen Weg kreuzender Ost-West-Weg, bis in die Neuzeit die kürzeste Verbindung zwischen Schallstadt und Munzingen und der im Volksmund der Kategorie der „Apothekerwege“ zugerechnet wurde, jenen kürzesten Ortsverbindungen für medizinische Hilfe seit dem Mittelalter.

Die Größe des Friedhofareals beträgt ca. 160 x 120 m. Es konnten 936 Gräber entdeckt werden, von denen ca. 40 Anlagen Mehrfachbestattungen aufweisen. Insgesamt darf man von 1000–1050 Bestattungen im Friedhof ausgehen, da wegen den in den 30er Jahren verwandten Grabungsmethoden vermutlich nicht alle Gräber entdeckt werden konnten.

1932–1936 wurde vornehmlich mit Suchschnitten gearbeitet, während 1973/74 große Flächenabdeckungen durchgeführt werden konnten. Dabei zeigte sich nach

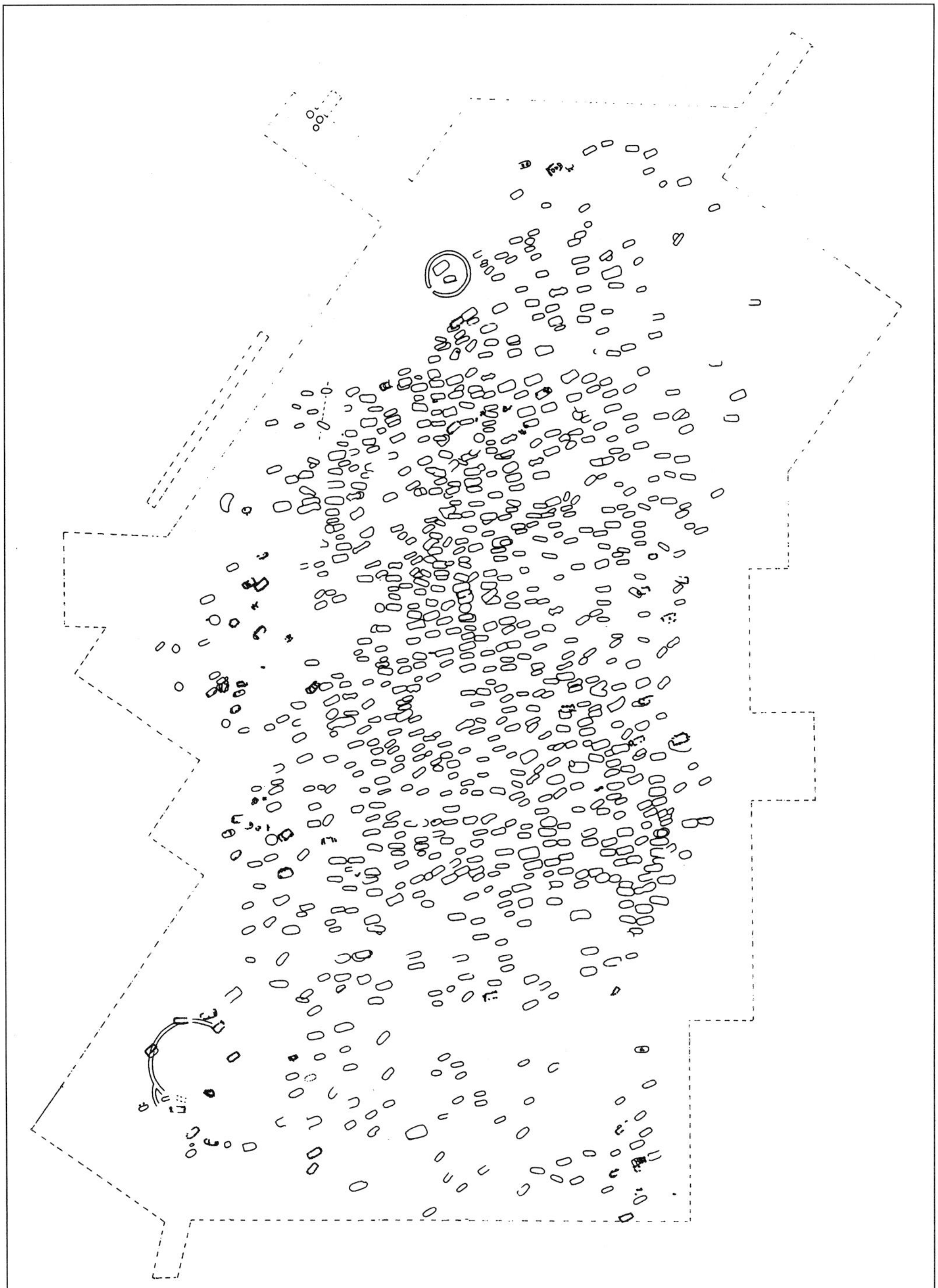

Abb. 30 Übersichtsplan Gräberfeld Mengen „Hohle-Merzengraben".

einem starken Regen eine überraschende Erscheinung: zwischen bereits erkennbaren Grabverfärbungen erschienen beim Abtrocknen der Flächen glänzende Stellen im geputzten Planum, auf denen sich das Wasser kurze Zeit länger hielt als im umgebenden Löß und den bereits festgestellten deutlichen Grabeinfüllungen. Nach der sofortigen Umrißmarkierung dieser „glänzenden Flächen" wurden diese dann weiter untersucht. Es ergab sich, daß es sich hier um tieferliegende Gräber handelte, deren Einfüllung im oberen Teil aus reinem Löß bestand und somit die gleiche Farbe und Konsistenz wie der unberührte umgebende Löß hatte. Dieser Umstand beweist, daß ein gestörter Boden über Jahrhunderte hin eine veränderte Kapillarwirkung aufweist. Dieses überraschende Ergebnis führte dann in der Folge dazu, daß geputzte Flächen nochmals mit Wasser besprengt wurden, um eben diese normalerweise nicht erkennbaren Grabgruben zu suchen.

Die Erscheinung bzw. Beobachtung setzte der Verfasser auch um in der Auswertung der Bodengütekarte der frühen Bodenschätzungen der Gemarkung Mengen. Es zeigten sich überall dort, wo Gräber oder Siedlungsreste bekannt waren, verminderte Werte. Dort, wo auf der Bodengütekarte verminderte Werte waren, aber Fundstellen noch nicht bekannt waren, können Siedlungs- oder Grabspuren entdeckt werden (Abb. 4).

Daß auch für die früheren Grabungen noch mit einer gewissen Zahl von nicht entdeckten Gräbern zu rechnen ist, belegen z. T. freie Flächen im Friedhof: Schuld daran waren Bäume, die 1932–36 nicht entfernt werden konnten, vor allem aber der Umstand, daß bei der Anlage von Suchschnitten bestimmte Verfärbungen nicht zu beobachten waren. Dies zeigte sich im Bereich der südlichen Kreisgrabenanlage, deren Verlauf erst bei der Grabung 1973 in ihrer westlichen Hälfte erkannt und freigelegt werden konnte (Abb. 32, A). Wie der Gesamtplan zeigt (Abb. 30), sind alle Gräber annähernd West-Ost ausgerichtet. Eine exakte Reihung zeigt sich jedoch nur im ältesten Teil des Gräberfeldes, wo zehn Gräber genau parallel in einer Reihe ausgerichtet sind.

Was den Grabbau betrifft, so weist das Gräberfeld von Mengen eine Vielfalt an Bestattungsarten auf. Neben einfachen Grabgruben gibt es Nachweise für Querriegelkonstruktionen, die als Totenbrett- oder Sargunterlagen dienten und die sich teilweise deutlich vom anstehenden Löß unterschieden. In vielen Fällen lag der Kopf des Toten leicht erhöht. Teilweise wurden für diese Querhölzer seitlich in die Grabgruben kleine Nischen in den Löß eingegraben. Weiter konnten auch einzelne seitliche Nischen für die Beigabe von Keramik bzw. stehengebliebene Lößsockel beobachtet werden, auf denen die Beigaben lagen. Einzelne Bestattungen hatten dann auch eine Steinplatte als Kopfunterlage. Der Nachweis von Särgen bzw. von einfachen Holzkisten ist an verschiedenen Stellen durch schwache Verfärbungen gegeben. In einigen Fällen können sie nur durch eine exakte Reihung von Lößkindeln vermutet werden. Ob Totenbäume (ausgehöhlte Baumsärge) verwendet wurden, kann in einigen Fällen nur durch die extrem enge Skelettlage vermutet werden.

Für die späte Belegungsphase (Ende 7./Anfang 8. Jahrhundert) sind Steinkisten belegt, die aus einfachen Bruchsteinen aufgebaut waren. Sorgfältige Steinplattengräber, im Breisgau für die alamannische Spätzeit häufiger bekannt, sind im Gräberfeld nur in zwei Fällen vorhanden. Die

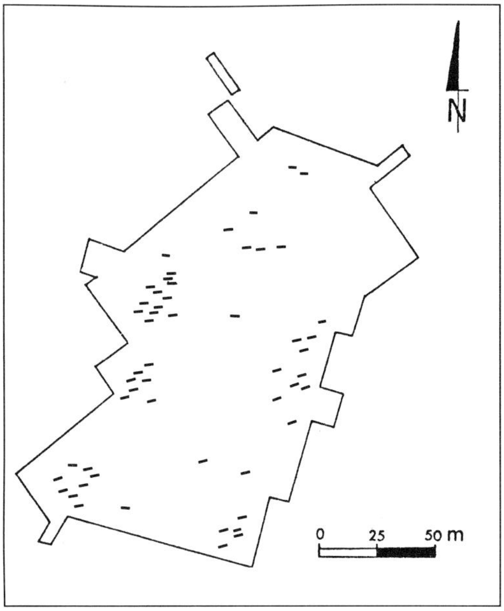

Abb. 31 Verbreitung der Steinkisten im Gräberfeld.

Steinkisten- bzw. Steinplattengräber konzentrieren sich bis auf einige wenige Beispiele am Rand des Gräberfeldes (Abb. 31). Von besonderem Interesse – und meines Wissens auch zum ersten Mal beobachtet – ist eine Stelle im Westteil des Gräberfeldes, wo Material für die Anfertigung von Steinkisten gelagert war: An dieser Stelle lagen Steinplatten von bis zu 1,10 m Länge, 1 m Breite und 20 cm Stärke, angehäuft auf einer Fläche von 7 m^2.

Die bei neueren Grabungen in fast allen frühmittelalterlichen Gräberfeldern festgestellten Kreisgrabenanlagen kamen auch in Mengen 1973 und 1974 zum Vorschein. Eine Besonderheit zeigte sich bei der großen Anlage im Südwestteil des Friedhofes. Bei dem relativ großen Kreisgraben wurde im Bereich des Zugangs eine spätere Bestattung angelegt, für diese das Rund apsidenförmig erweitert und so die Grabanlage wohl symbolisch verschlossen (Abb. 32,A). Weiter ist besonders interessant, daß Steinkistengräber in den Kreisgraben eingetieft und teilweise auch nach diesem ausgerichtet wurden. So liegen auch zwei Steinkisten der alten Grabung in diesem Kreisgraben, der jedoch damals nicht erkannt wurde. Das Zentrum dieses Kreisgrabens war aber leider durch die Anlage eines Schützengrabens im 2. Weltkrieg komplett zerstört worden.

Im 2. Kreisgraben (Abb. 32,B; 33) im Nordwestteil entdeckte man das reiche Männergrab 853 mit einer vorzüglich tauschierten großen dreiteiligen Gürtelgarnitur, Schild, Sporn und einem Holzeinbau am Fußende (Holzkiste oder Truhe?). Das dazugehörige Frauengrab 854 war vollkommen gestört, wobei die Störung noch

Abb. 32 A Kreisgraben 1, schraffiert; moderne Störung. B Kreisgraben 2, schraffiert: antike Beraubung.

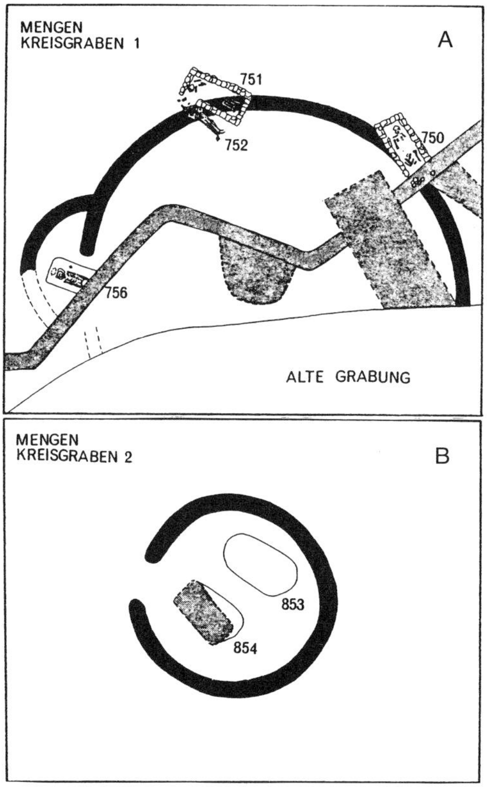

Abb. 33 Kreisgraben 2: Im Vordergrund das beraubte Frauengrab 854. Deutlich die exakte Störung, die in der SW-Ecke besonders gut zu sehen ist. Foto H. Maier.

zu einer Zeit erfolgt sein mußte, als die Grabanlage deutlich sichtbar war. Es konnten noch die Beraubungsspuren (mit einem Spaten) an der Lößwand beobachtet werden. Als einziger Fund lag nur noch eine winzige gelbe Frittenperle in der Grabfüllung.

Ein Großteil der Gräber – besonders in den späten Zeitphasen – zeigte frühmittelalterliche Beraubungsspuren, wobei von gezielten Beraubungen gesprochen werden kann. So weisen Frauenbestattungen häufig eine gezielte Beraubung im Hals- und Brustbereich wie auch am Fußende auf, wo weitere wertvolle Beigaben erwartet werden konnten. Daß diese Grabanlagen zur Beraubungszeit immer noch sichtbar waren, beweisen auch die genauen Eingriffe in die Steinkistengräber (Abb. 34), wobei wir wohl erst in dieser Endphase (8. Jahrhundert) mit einer durch die Christianisierung bedingten Lockerung der Bestrafung des Grabfrevels, wie wir sie aus der Lex Alamannorum oder Lex Baiuvariorum kennen, rechnen können.

Abb. 34 Grab 836; gezielter Eingriff in Fuß- und Beckenbereich. Foto H. Maier.

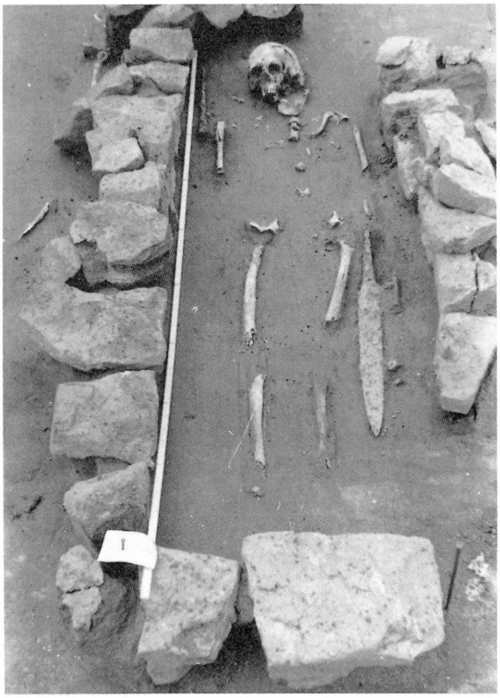

Abb. 35 Antik beraubtes Frauengrab 814. Foto H. Maier.

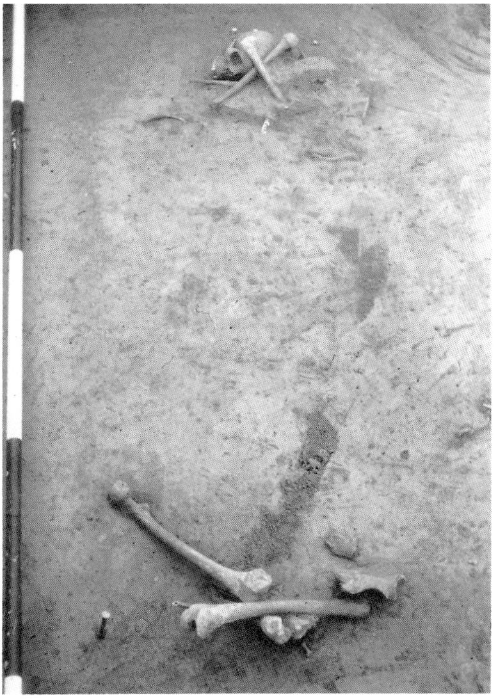

Abb. 36 Handgemachte Keramik: 1 Grab 132; 2 Grab 212; 3 Grab 124; 4 Grab 136; 5 Inventar von Grab 141. M. 1:2. Zeichnung Verfasser.

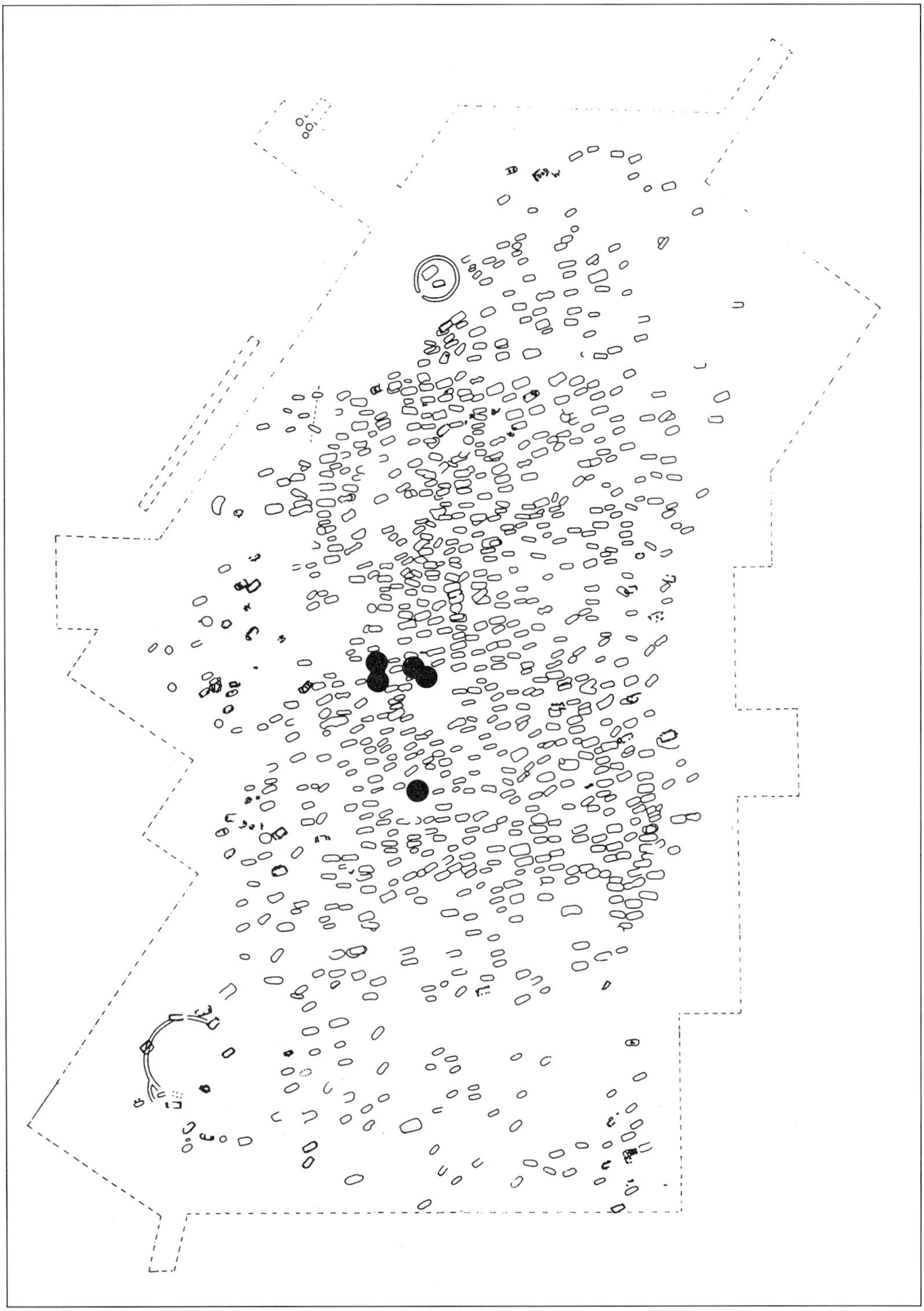

Abb. 37 Verbreitung der handgemachten frühen Keramik.

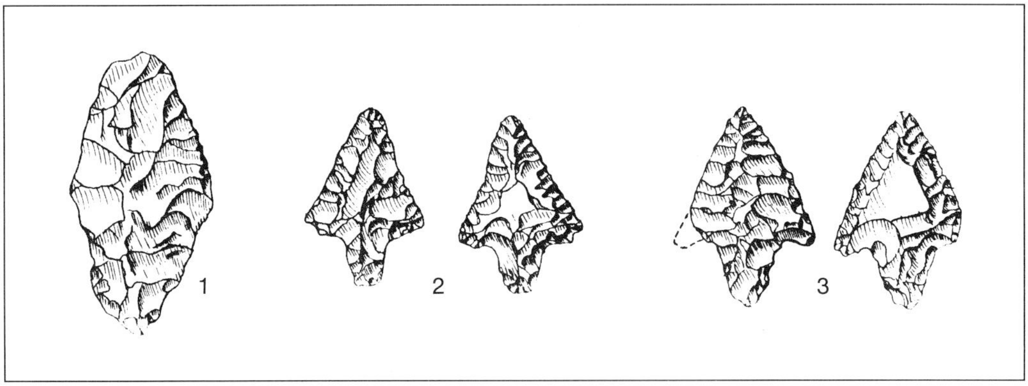

Abb. 38 Pfeilspitzen aus einem ? jungsteinzeitlichen Glockenbechergrab, aufgeteilt auf zwei merowingerzeitliche Gräber: 1 Grab 862; 2.3 Grab 906. M. 1:1. Zeichnung Verfasser.

Die Beraubung von Männergräbern beschränkte sich meist auf die Gürtel und andere Wertgegenstände; seltener wurden Waffen entfernt, sei es, daß hier der Eingriff zu aufwendig war, oder daß die Waffen bereits unbrauchbar waren. Ob winzige Holzkohlenreste, die öfters in gestörten Grabverfüllungen festgestellt werden konnten, eventuell von Kienspänen stammen und mit dem Grabraub direkt zusammenhängen, kann erst durch den Vergleich mit ähnlichen Befunden in anderen Gräberfeldern geklärt werden.

In einigen Fällen wurden die Gräber beraubt, nachdem die Leiche bereits verwest war. Hier wurden die Knochen des ganzen Skeletts oder auch nur die Röhrenknochen auf einer Stelle wieder in der Grabkammer deponiert, nachdem die Beigaben größtenteils entfernt wurden (Abb. 35).

Die Belegung des Friedhofes erfolgte vom Zentrum aus in alle Richtungen, wobei mit Sicherheit durch die genaue Auswertung Anhaltspunkte für „Familienbezirke" gegeben sind, wie dies ja auch im Falle der Kreisgrabenanlage nachzuweisen ist. Dies zeigt sich besonders auch an ganz bestimmten „Altstücken", z.B. in den Rükkentaschen der Männer oder auch in sonstigen Beigaben, die beweisen könnten, daß einzelne Familien ganz bestimmte Waren – seien es Tongefäße (Abb. 36) oder Schmuck- oder Fundstücke – unter sich aufgeteilt oder von gleichen Lieferanten bezogen haben. So zeigt die Horizontalstratigraphie, daß die beutelförmigen, gestempelten Gefäße (Abb. 37) in diesem großen Gräberfeld auffällig dicht beieinanderliegen.

Das Vorkommen von jungsteinzeitlichen, aus dem gleichen Silex bestehenden Pfeilspitzen (Abb. 38) – wohl aus einem geplünderten Grab der Glockenbecherkultur – in zwei Männerbestattungen und von zwei keltischen Potinmünzen in zwei benachbarten Männergräbern belegt eindeutig, daß die alamannische Bevölkerung Zugang zu Altfunden hatte, diese auch teilen oder freundschaftlich erwerben oder aufteilen konnte. Sicher wurden solche Altstücke auch bei der Feldarbeit gefunden, und gezieltes Sondieren in den nahen ehemaligen römischen Villen oder an vorgeschichtlichen Fundstellen ist nicht auszuschließen, sogar eher wahrscheinlich.

Die Auswertung ähnlicher Erscheinungen in der Publikation des Friedhofs Mengen wird zeigen, daß aufgrund der Rückentascheninhalte aus den Männergräbern bzw. der Verbreitung von Altstücken im Gräberfeld auf die Begehung oder landwirtschaftliche Nutzung bestimmter Flächen, die bereits in älteren Epochen besiedelt waren oder als Bestattungsplätze dienten, Rückschlüsse auf die frühere Besiedlungsgeschichte gezogen werden können – eine Möglichkeit, die noch nicht oder kaum genutzt wurde und die sich gerade bei der außerordentlich fundreichen Gemarkung Mengen als sinnvoll erweisen wird.

Im folgenden sollen nun einige ausgewählte Stücke aus dem überaus vielseitigen Fundstoff des Gräberfeldes vorgestellt werden.

Von den herausragenden Frauengräbern wurde u. a. Grab 12 mit der ungewöhnlichen Trachtausstattung bereits von F. Garscha publiziert. Die Dame trug kostbare, silbervergoldete Bügelfibeln (Abb. 39), zwei silbervergoldete S-Fibeln mit Almandineinlagen, einen silbernen Kolbenarmring, einen silbernen Haarpfeil, einen Silberfingerring, eine Perlenkette und weitere, trachtbedingte Schmuckteile. Besonders reich bestückt war das Kettengehänge in Form von Silberösen, bestehend aus sieben ostgotischen Halbsiliquen mit Monogramm des Theoderich, darunter fünf Prägungen des Anastasius (491–518 n. Chr.) und zwei des Justinianus I (518–527 n. Chr.), und einer Vielzahl von Bernsteinperlen, Halbedelsteinperlen, Kaurischnecken, Bärenzahn usw.

Alle Frauengräber mit einer Fibelausstattung des 6. Jahrhunderts wurden in den ersten Grabungskampagnen entdeckt (Auswahl Abb. 40), was auch den bisherigen Ergebnissen der Horizontalstratigraphie entspricht. Genau um dieses Zentrum gruppiert sich auch die Mehrzahl der frühen reichen Männergräber mit Spatha, Schild, Ango und – in wenigen Fällen – mit Franziska.

Abb. 39 Grab 12: silbervergoldete Bügelfibel mit Nielloeinlagen. M. ca. 2:1. Foto Verfasser.

Eine exotische Ausstattung zeigt das Frauengrab 403, dessen Fibel bereits H. Zeiss veröffentlicht hat. Es handelt sich um eine massiv goldene, frühbyzantinische Fibel von annähernd quadratischer Grundform, die in der Mitte einen großen indischen Saphir trägt, der umgeben ist von vier Beryllen (drei erhalten), die in Kästchenfassungen sitzen (Abb. 41). Eine vergleichbare Goldschmiedearbeit bildet ein goldenes Armband aus Ägypten, das eine ganz ähnlich verzierte goldene, quadratische Platte trägt (heute Staatliche Antikensammlungen Berlin). Die von H. Zeiss vorgenommene Datierung ins frühe 7. Jahrhundert

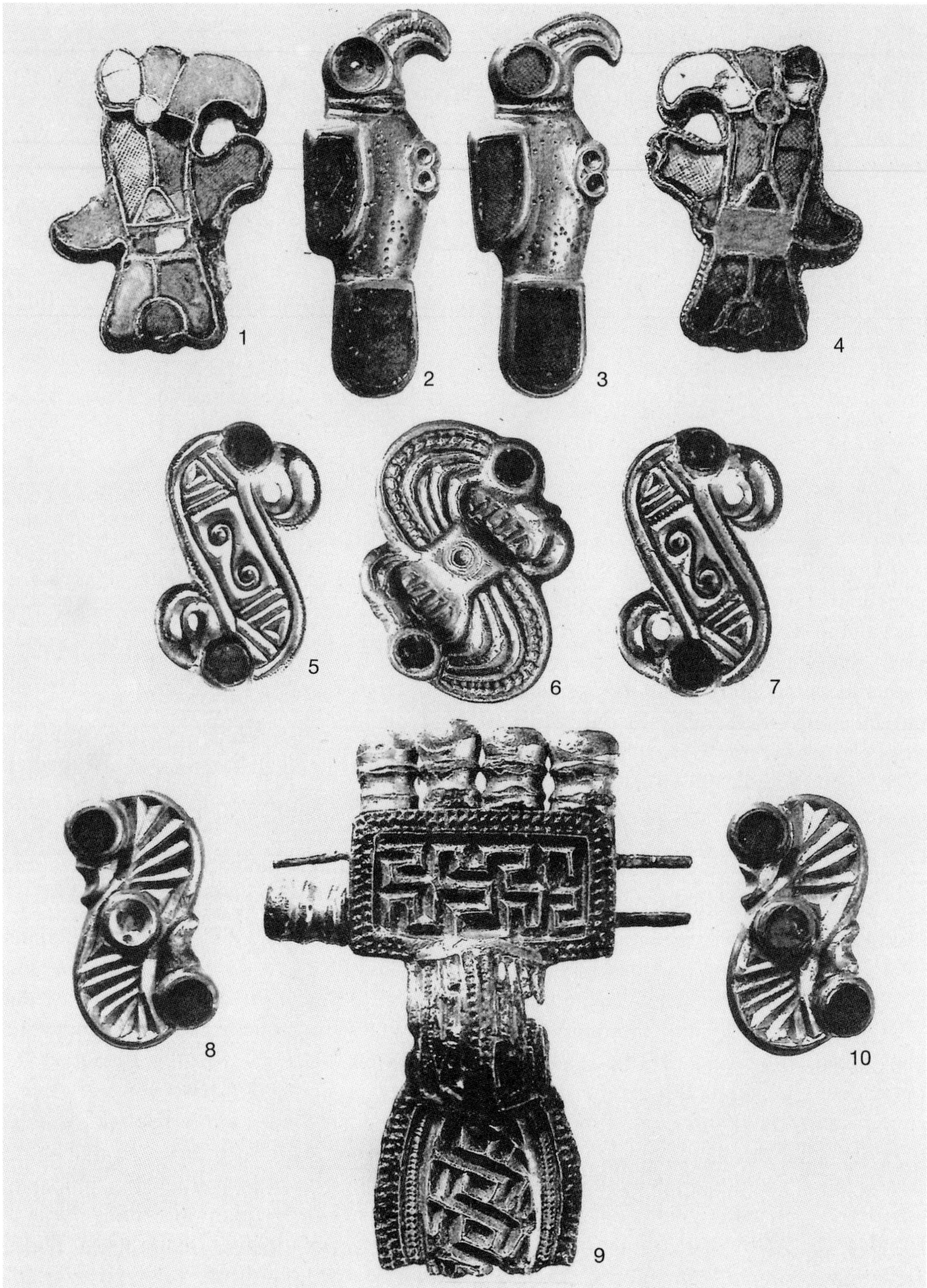

Abb. 40 Auswahl von Fibeln aus Frauengräbern: 1.4 Grab 351; 2.3 Grab 35; 5.7 Grab 145; 6 Grab 715; 8.10 Grab 12; 9 Streufund. M. ca. 3:2. Foto Verfasser.

Abb. 41 Frauengrab 403: frühbyzantinische Goldfibel mit Saphir- und Berylleinlagen. M. ca. 2:1. Foto M. Eberlein, München.

bestätigen auch die anderen Beifunde. Ungeklärt bleibt nach wie vor, wie diese wertvolle und singuläre Fibel ihren Weg nach Mengen fand.
Eine für den späten Horizont relativ reiche Bestattung fand sich in Grab 814, das allerdings gründlich beraubt war. Die äußerst sorgfältig angelegte Grabgrube läßt aufgrund von Verfärbungen auf eine aufwendige Grabkammer aus Holz schließen

Abb. 42 Frauengrab 814: Rekonstruktion des Holzgefäßes. M. ca. 1:2. Zeichnung Verfasser.

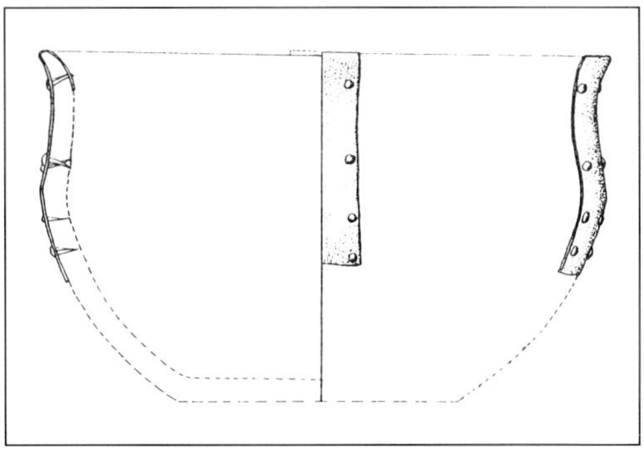

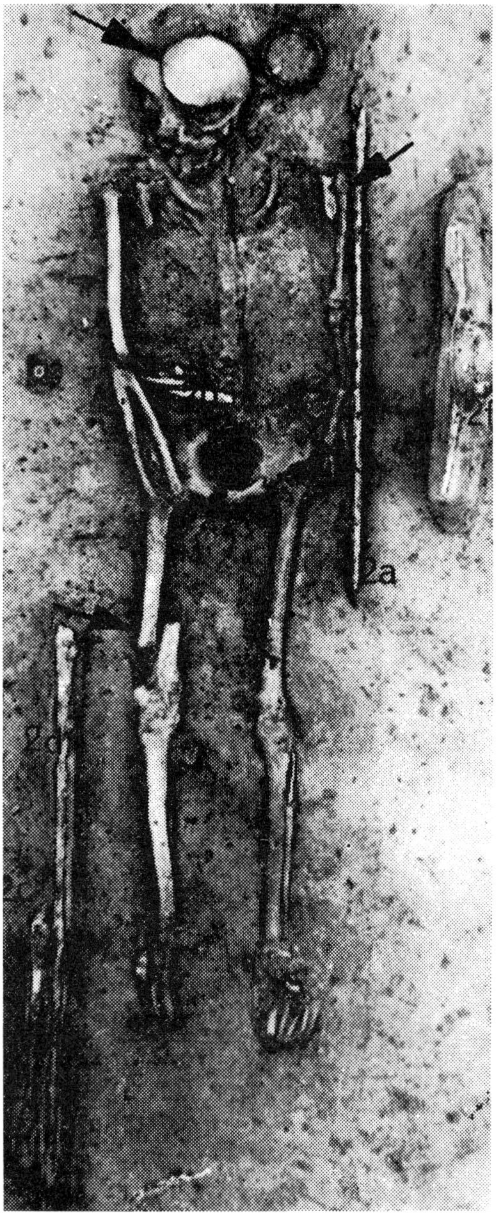

Abb. 43 Grab 23: der Bestattete mit schweren Oberschenkel-, Oberarm- und Schädelverletzungen (Pfeile).

sowie auf die ursprüngliche Beigabe von einem oder mehreren kleinen Möbelstükken. Die Bestattung war vollkommen gestört, die Röhrenknochen waren zur Seite

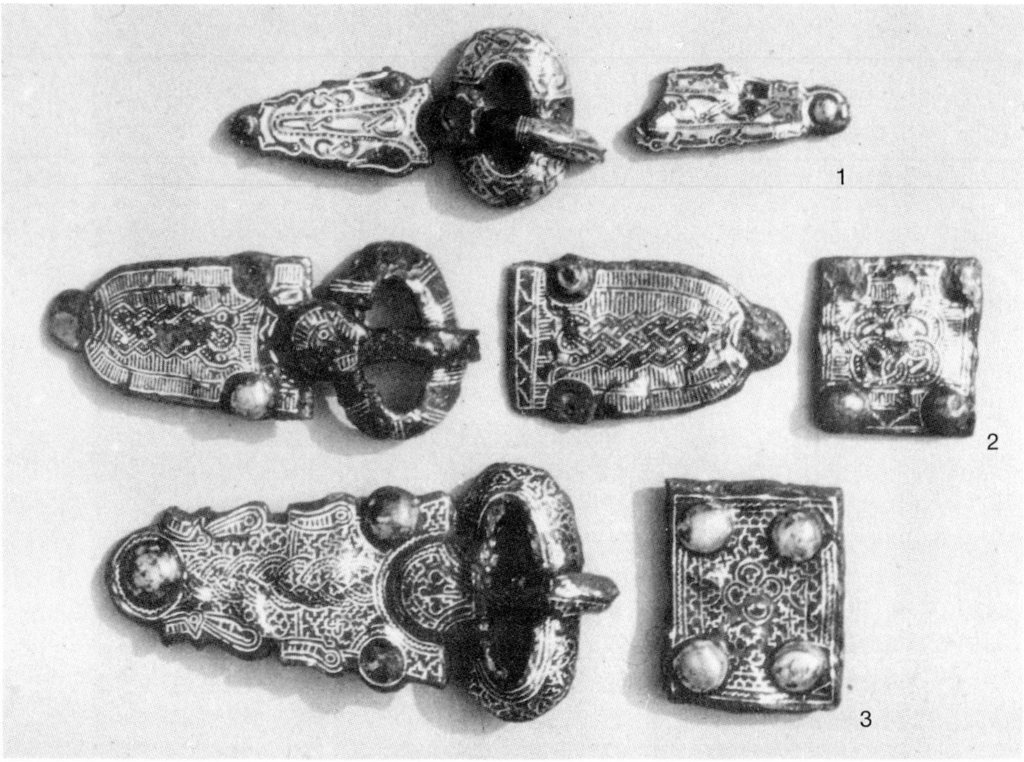

Abb. 44 Tauschierte Garnituren: 1 Grab 768; 2 Grab 921; 3 Grab 853. M. ca. 1:2. Foto M. Eberlein, München.

geräumt worden und fanden sich unmittelbar auf dem Schädel (Abb. 35), mit den Enden schräg an einen wohl z. Zt. der Beraubung noch intakten hölzernen Einbau angelehnt. Neben Perlen und einer verzierten bronzenen Schuhschnalle konnten in der Hüftgegend noch silberne Beschläge eines kleinen Holzgefäßes geborgen werden (Abb. 42).

Die Männergräber des frühen 6. Jahrhunderts zeichnen sich durch eine reiche und aufwendige Bewaffnung aus mit Spatha, Ango, Schild und Lanze (wie in Grab 23). Der Tote hatte schwerste Verletzungen (Abb. 43): einen durchschlagenen rechten Oberschenkel, Hiebspuren auf dem linken Oberarm und tödliche Schwerthiebe am Schädel. Der Inhalt einer Glasschale (es konnten noch Honig- und Wachsreste nachgewiesen werden) sollte wohl als Heilmittel fürs Jenseits dienen. Die Schale war im Sarg in der Schädelgegend deponiert worden.

Die Gruppe der reichen Männergräber – ausgestattet mit Spatha, Sax, Lanze, Schild und z. T. auch mit Sporen – stammt von einer höherstehenden Schicht der freien Bauern, welche die Sitte der Beigabe des zweischneidigen Langschwertes (der Spatha) bis in die späte Zeit der Belegung bewahrten. Dabei ist nicht nur die Vollzähligkeit der Bewaffung wichtig für die soziale Einordnung dieser freien Bauern, sondern auch die unterschiedliche Qualität der Waffen, wie dies neuere Röntgenuntersuchungen zeigen.

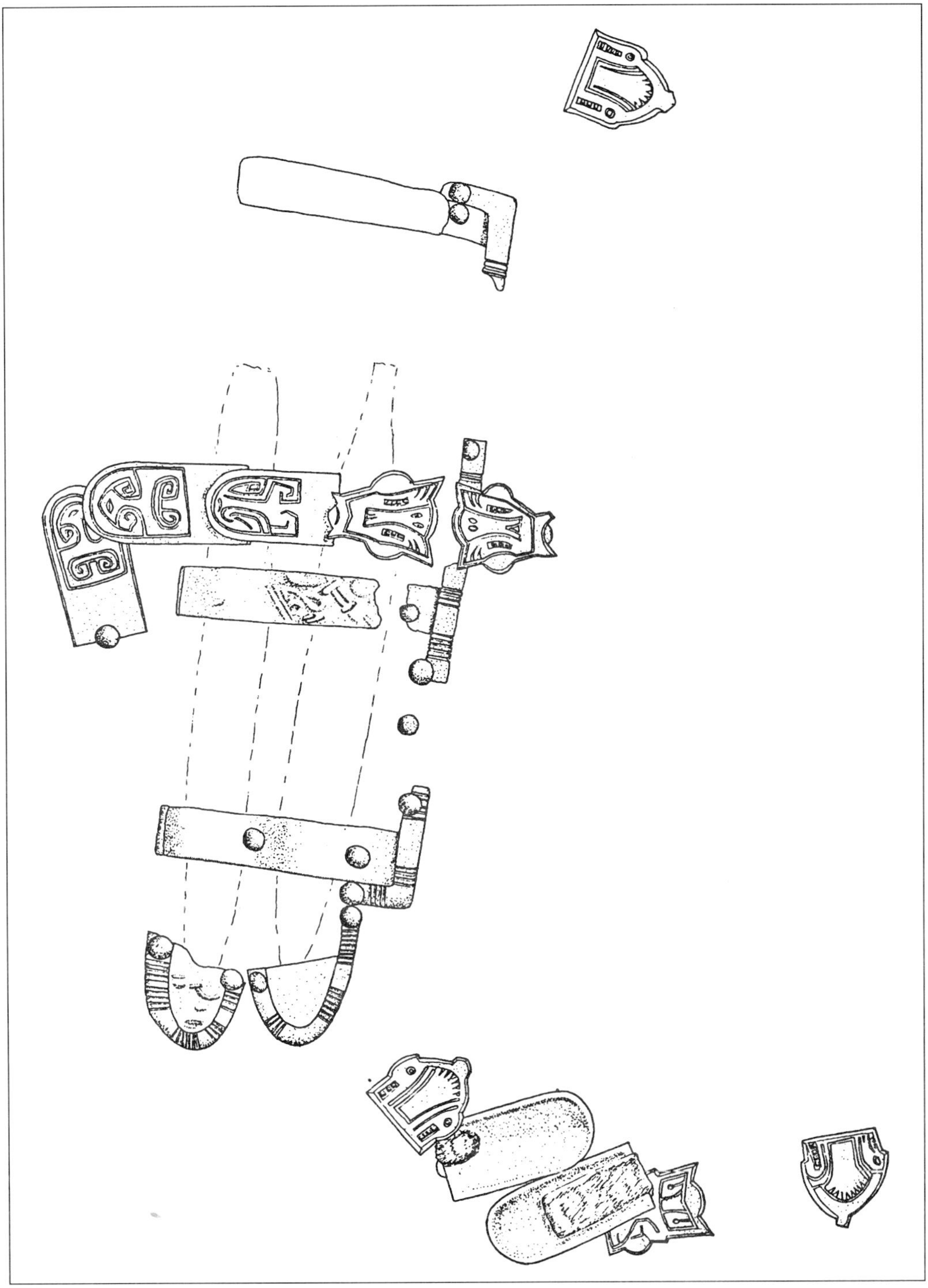

Abb. 45 Kindergrab 927: Messerpaar mit vielteiliger Gürtelgarnitur aus Bronze. Lage in situ. M. ca. 1:2. Zeichnung Verfasser.

Auffällig ist, daß in diesem großen Gräberfeld keine einzige reiche Pferdebestattung zu finden ist. In acht Fällen konnten Sporen entdeckt werden. Das reiche Grab 853 enthielt Fragmente eines auf dem Körper des Toten niedergelegten Pferdegeschirrs.

Nachweise reich verzierter Gürtelbeschläge mit Tauschierungen, die zur Männertracht der 2. Hälfte des 6. bis zur Mitte des 7. Jahrhunderts gehörten, fanden sich in Mengen in über 60 Gräbern. Allerdings sind wegen der häufigen Beraubungen nur wenige Garnituren komplett. Mit zu den schönsten dreiteiligen Gürteln zählt jener aus Grab 853 (Abb. 44).

Ein Trachtwandel im 7. Jahrhundert – das Messer wurde nicht mehr in der Rückentasche getragen, sondern in der Saxscheide – läßt sich auch in Mengen deutlich aufzeigen. Dadurch finden sich dann auch technisch bedingt die reichverzierten Bronzeknöpfe auf der ledernen Saxscheide, die einen Holzkern hatte und in den meisten Fällen mit einem Fell zum besseren Ziehen der Waffe gefüttert war.

Ein absolut singulärer Fund stammt aus Grab 927, einem Kindergrab, mit einer außergewöhnlich großen und tiefen Grabgrube. In der Beckengegend des Knaben lag in situ eine ritzverzierte, vielteilige Bronzegarnitur mit einem Messerpaar, das (allerdings vollkommen oxydiert) in einem aufwendig gestalteten Futteral mit Bronzerandbeschlägen steckte. Der Gürtel für dieses Futteral war lose über das Becken des Kindes gelegt (Abb. 45). Die Knochen waren bis auf winzige Reste vollkommen vergangen. Geringe Lederreste hatten sich auf den Riemenbeschlägen erhalten.

Das Gräberfeld von Mengen, dessen Belegung wohl am Übergang zum 6. Jahrhundert beginnt und im 8. Jahrhundert endet, ist in seinem Fundstoff gut mit den im Breisgau bekannten Gräberfeldern z.B. von Sasbach, Merdingen und Eichstetten zu vergleichen. Herausragend sind jedoch einzelne Gräber, von denen einige hier vorgestellt wurden.

Was die Frage betrifft, wo die Toten nach der Auflassung des großen Gräberfeldes bestattet wurden, konnte der Verfasser durch intensive jahrelange Begehung der Gemarkung und auch durch Aussagen der Bevölkerung zu dem Ergebnis kommen, daß die Bestattungen zunächst in einer Übergangszeit bei den Höfen durchgeführt wurden, bis sie dann allgemein im Zuge der Christianisierung bei der Kirche üblich wurden (vgl. die Karte Abb. 4).

Während der Ausgrabung des Gräberfel-

Abb. 46 Plan des Kirchplatzes in Mengen mit den abgebrochenen Gebäuden A–E und der neuen Kirche. 1 ungefähre Lage der Baugrube für einen Heizöltank, in der ein W-O orientiertes, gemauertes Steinkistengrab von Bauarbeitern freigelegt wurde. Goldohrring wurde entwendet. 2. Beim Anbau der Sakristei und bei der Neugestaltung des Altarraumes wurden „mehrere bzw. viele Skelette" gefunden. Entwurf M. Egger 1977.

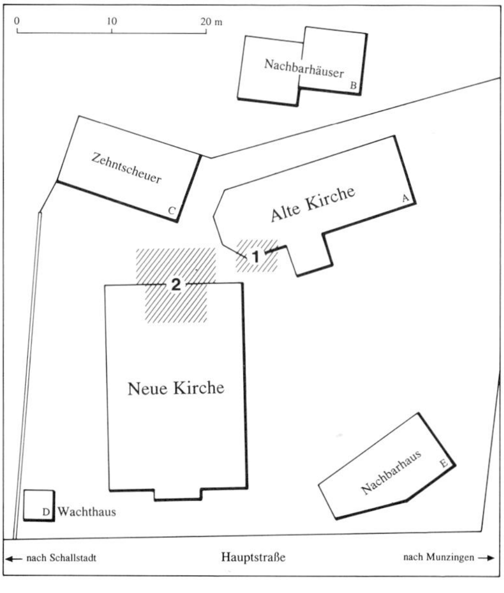

des und unmittelbar danach konnten vom Verfasser auch die frühalamannischen und karolingischen Siedlungsspuren im „Löchleacker“ entdeckt werden. Weitere Fundstellen ergaben sich aus vielen nützlichen Hinweisen aus der Bevölkerung, die bereits in der Festschrift zum 1200jährigen Bestehen Mengens publiziert worden sind und deutlich aufzeigen, welche Bedeutung Mengen durch die verschiedenen Epochen, seit dem 4. Jahrtausend v. Chr., hat. Ein besonderer Glücksfall war ein Hinweis auf den Fund von Skeletten und eines goldenen Ohrrings, der die Vermutung des Verfassers über Stiftergräber auf dem Kirchplatz bestätigte. Nachforschungen ermöglichten eine genaue Lokalisierung der Fundstelle (Abb. 46). Hier sollte man eine Nachuntersuchung vornehmen! Dies wäre dann die wichtige Ergänzung und Abrundung zur Analyse des Gräberfeldes und der Erforschung der frühmittelalterlichen Geschichte Mengens.

Mengen erbrachte viele hervorragende archäologische Funde, und hier soll allen Mengener Bürgern gedankt werden, die aktiv über Jahrzehnte zum Gelingen vieler Grabungen beigetragen haben. Nicht zuletzt sei vor allem G. Fingerlin gedankt, der über einen langen Zeitraum hin bis heute stets die Forschungen in Mengen unterstützte. Besonders danken möchte ich an dieser Stelle Herrn H. Maier, Mengen, der über zwei Jahre ehrenamtlich an der fotografischen Dokumentation der Grabungen 1973/74 maßgeblich beteiligt war.

Leider kann Prof. J. Werner (München) die Ausstellung über Mengen nicht mehr miterleben. Er hatte bereits 1932 auf der „Hohlen“ gegraben. Seine Grußkarte aus dem fernen Uruk in Mesopotamien, die er nach der ersten Grabungskampagne an die Mengener geschrieben hatte, ist bis heute unvergessen.

Michael Egger

VI. Literaturhinweise

CH. BÜCKER, Neue Ausgrabungen in der frühmittelalterlichen Siedlung von Mengen, Kr. Breisgau-Hochschwarzwald. Archäologische Ausgrabungen in Baden-Württemberg 1987, 161 ff.

CH. BÜCKER, Schmuck aus einem mittelalterlichen Dorf. In: E. SANGMEISTER (Hrsg.), Zeitspuren, Archäologisches aus Baden. Archäologische Nachrichten aus Baden 50, 1993, 188 f.

CH. BÜCKER, Die Gefäßkeramik der frühalamannischen Zeit vom Zähringer Burgberg, Gde. Gundelfingen, Kr. Breisgau-Hochschwarzwald. In: H. U. NUBER/K. SCHMID/H. STEUER/TH. ZOTZ (Hrsg.), Freiburger Forschungen zum ersten Jahrtausend in Südwestdeutschland 6 (im Druck) 125 ff.

R. CHRISTLEIN, Die Alamannen. Geschichte eines lebendigen Volkes (Stuttgart 1978).

C. DIRLMEIER/G. GOTTLIEB, Quellen zur Geschichte der Alamannen von Cassius Dio bis Ammianus Marcellinus. Quellen zur Geschichte der Alamannen I. Schriften Kommission Alamannische Altertumskunde der Heidelberger Akademie der Wissenschaften, Band 1 (Sigmaringen 1976).

M. EGGER, Die ur- und frühgeschichtlichen Funde der Gemarkung Mengen. In: H. HÖLZER (Hrsg.), 1200 Jahre Mengen (Freiburg 1976) 13 ff.

G. FINGERLIN, Zur alamannischen Siedlungsgeschichte des 3.–7. Jahrhunderts. In: W. HÜBENER (Hrsg.), Die Alemannen in der Frühzeit. Veröffentlichung Alemannisches Institut Freiburg 34 (Bühl 1974) 45 ff.

G. FINGERLIN, Kastellorte und Römerstraßen im frühmittelalterlichen Siedlungsbild des Kaiserstuhls. Archäologische Aspekte fränkischer Herrschaftssicherung im südlichen Oberrheintal. In: J. WERNER/E. EWIG (Hrsg.), Von der Antike zum frühen Mittelalter. Vorträge und Forschungen 25 (Sigmaringen 1979) 379 ff.

G. FINGERLIN, Brisgavi im Vorfeld von Breisach. Archäologische Spuren der Völkerwanderungszeit zwischen Rhein und Schwarzwald. Archäologische Nachrichten aus Baden 34, 1985, 30 ff.

G. FINGERLIN, Frühe Alamannen im Breisgau. In: H. U. NUBER/K. SCHMID/H. STEUER/TH. ZOTZ (Hrsg.), Archäologie und Geschichte des ersten Jahrtausends in Südwestdeutschland. Freiburger Forschungen zum ersten Jahrtausend in Südwestdeutschland 1 (Sigmaringen 1990) 97 ff.

G. FINGERLIN, Die alamannische Landnahme im Breisgau. In: M. MÜLLER-WILLE/R. SCHNEIDER (Hrsg.). Ausgewählte Probleme europäischer Landnahmen des Früh- und Hochmittelalters. Vorträge und Forschungen 41 (Sigmaringen 1993) 59 ff.

F. GARSCHA, Die Alamannen in Südbaden. Katalog der Grabfunde. Germanische Denkmäler Völkerwanderungszeit A 11 (Berlin 1970) bes. 215 ff.

M. HOEPER, Alamannische Besiedlungsgeschichte im Breisgau. Reihengräberfelder und Gemarkungsgrenzen. In: H. U. NUBER/K. SCHMID/H. STEUER/TH. ZOTZ (Hrsg.), Freiburger Forschungen zum ersten Jahrtausend in Südwestdeutschland 6 (im Druck) 9 ff.

H. KELLER, Probleme der frühen Geschichte der Alamannen („alamannische Landnahme") aus historischer Sicht. In: M. MÜLLER-WILLE/R. SCHNEIDER (Hrsg.), Ausgewählte Probleme europäischer Landnahmen des Früh- und Hochmittelalters. Vorträge und Forschungen 41 (Sigmaringen 1993) 83 ff.

M. KNAUT, Frühe Alamannen in Baden-Württemberg. In: D. PLANCK (Hrsg.), Archäologie in Württemberg (Stuttgart 1988) 311 ff.

G. KRAFT, Die alemannische Frühbesiedlung der Gemarkung Mengen. Badische Fundberichte 13, 1937, 124 ff.

B. KRÜGER (Hrsg.), Die Germanen. Ein Handbuch. Band 2 (Berlin^2 1987).

H. U. NUBER, Das Ende des Obergermanisch-Raetischen Limes – Eine Forschungsaufgabe. In: H. U. NUBER/K. SCHMID/H. STEUER/TH. ZOTZ (Hrsg.), Archäologie und Geschichte des

ersten Jahrtausends in Südwestdeutschland. Freiburger Forschungen zum ersten Jahrtausend in Südwestdeutschland 1 (Sigmaringen 1990) 51ff.
D. PLANCK, Die Wiederbesiedlung der Schwäbischen Alb und des Neckarlandes durch die Alamannen. In: H. U. NUBER/K. SCHMID/H. STEUER/TH. ZOTZ (Hrsg.), Archäologie und Geschichte des ersten Jahrtausends in Südwestdeutschland. Freiburger Forschungen zum ersten Jahrtausend in Südwestdeutschland 1 (Sigmaringen 1990) 67ff.
A. POINSIGNON, Bechtoldskirch oder Birlikkirch. Schauinsland 13, 1889, 6ff.
M. RÖSCH, Pflanzenreste der Merowingerzeit aus Mengen am Tuniberg, Kr. Breisgau-Hochschwarzwald. Archäologische Ausgrabungen in Baden-Württemberg 1987, 164f.
S. SPORS-GRÖGER, Der Runde Berg bei Urach XI. Die handgemachte frühalamannische Keramik aus den Plangrabungen 1967–1984. Schriften Kommission Alamannische Altertumskunde der Heidelberger Akademie der Wissenschaften, Band 17 (Sigmaringen 1993).
H. STEUER, Alemannen. In: Reallexikon der germanischen Altertumskunde, Band 1 (Berlin, New York 1973) 137ff.
H. STEUER, Standortverschiebungen früher Siedlungen von der römischen Eisenzeit bis zum frühen Mittelalter. In: Person und Gemeinschaft im Mittelalter. Festschrift K. SCHMID. (Sigmaringen 1988) 25ff.
H. STEUER, Zur Berechnung von Bevölkerungsgröße und Bevölkerungsentwicklung in einer Siedlungslandschaft der Merowingerzeit. Saeculun 39, 1988, 119ff.
H. STEUER, Der Zähringer Burgberg bei Freiburg im Breisgau, eine Höhensiedlung des 4./5. Jahrhunderts. Archäologisches Korrespondenzblatt 19, 1989, 169ff.
H. STEUER, Höhensiedlungen des 4. und 5. Jahrhunderts in Südwestdeutschland. Einordnung des Zähringer Burgberges, Gde. Gundelfingen, Kr. Breisgau-Hochschwarzwald. In: H. U. NUBER/K. SCHMID/H. STEUER/TH. ZOTZ, Archäologie und Geschichte des ersten Jahrtausends in Südwestdeutschland. Freiburger Forschungen zum ersten Jahrtausend in Südwestdeutschland 1 (Sigmaringen 1990) 139ff.
H. STEUER, Die Alamannen auf dem Zähringer Burgberg. Archäologische Informationen aus Baden-Württemberg 13 (Stuttgart 1990).
R. M. SWOBODA, Die spätrömische Befestigung Sponeck am Kaiserstuhl. Münchner Beiträge zur Vor- und Frühgeschichte 36 (München 1986).
J. WERNER/J. JORNS, Die Grabungen in dem alemannischen Gräberfeld von Mengen (Oberbaden) 1933. Nachrichtenblatt für Deutsche Vorzeit 9, 1933, 198ff.
J. WERNER, Silbermünzen Theoderichs d. Gr. von Mengen (Oberbaden). Badische Fundberichte III, 1933/36, 89ff.
J. WERNER, Münzdatierte austrasische Grabfunde. Germanische Denkmäler der Völkerwanderungszeit 3 (Berlin, Leipzig 1935) 38f. Taf. 4B.
H. ZEISS, Die frühbyzantinische Fibel von Mengen, Ldkr. Freiburg i. Br. Germania 23, 1939, 269ff.

Abbildungsnachweis

Alle Abbildungen und Fotografien – wenn nichts anderes vermerkt – Landesdenkmalamt Baden-Württemberg, Außenstelle Freiburg.

ACHÄOLOGISCHE INFORMATIONEN AUS BADEN-WÜRTTEMBERG

Bezug durch die
Gesellschaft für Vor- und Frühgeschichte in Württemberg und Hohenzollern
Silberburgstraße 193, 70178 Stuttgart

Heft 1 Archäologische Ausgrabungen in Breisach am Rhein 1984 bis 1986. Rathauserweiterung und Tiefgaragenbau (1987).
Heft 2 Walter Joachim, Archäologische Ausgrabungen in Stuttgart-Stammheim 1984–1987 (1987).
Heft 3 Hartmann Reim, Das keltische Gräberfeld bei Rottenburg am Neckar. Grabungen 1984–1987 (1988).
Heft 4 Dietrich Lutz u. Egon Schallmayer, 1200 Jahre Ettlingen. Archäologie einer Stadt. Begleitheft zur Ausstellung (1988).
Heft 5 C. Sebastian Sommer u. Hartmut Kaiser, Lopodunum – Ladenburg a. N. Archäologische Ausgrabungen 1981–1987 (1988).
Heft 6 Helmut Roth u. Claudia Theune, SW ♀ I–V: Zur Chronologie merowingerzeitlicher Frauengräber in Südwestdeutschland (1988).
Heft 7 Gerhart Seifert, Lackprofil und Lackfilmmethode (1988).
Heft 8 Römische Städte und Siedlungen in Baden-Württemberg. 5. Sitzung des Arbeitskreises in Rottenburg a. N. 21.–22. 4. 1988 (1988).
Heft 9 Hartmut Schäfer u. Günter Stachel, Unterregenbach. Archäologische Forschungen 1960–1988 (1989).
Heft 10 Barbara Sasse, Leben am Kaiserstuhl im Frühmittelalter. Ergebnisse einer Ausgrabung bei Eichstetten (1989).
Heft 11 Dorothee Ade-Rademacher u. Susanne Mück, „... Mach Krueg, Haeffen, Kachel und Scherbe". Funde aus einer Ravensburger Hafnerwerkstatt vom 16. bis 19. Jahrhundert (1989).
Heft 12 Karen Schmitt. Oeffingen in vorgeschichtlicher Zeit, Archäologische Funde aus der Sammlung Jordan Riede (1990).
Heft 13 Heiko Steuer, Die Alamannen auf dem Zähringer Burgberg (1990).
Heft 14 Katharina Laier-Beifuss u. Dietrich Lutz, Die ehemalige Propstei Wiesenbach des Klosters Ellwangen (Rhein-Neckar-Kreis) (1990).
Heft 15 Bertram Jenisch, „... alhie zuo vilingen ..." Eine Stadt des Mittelalters im Streiflicht (1990).
Heft 16 Irene Schneid-Horn, Vom Leben im Kloster und Spital am Waisenhausplatz in Pforzheim (1991).
Heft 17 Urgeschichte in Oberschwaben und der mittleren Schwäbischen Alb. Zum Stand neuerer Untersuchungen der Steinzeit-Archäologie (1991).
Heft 18 Dieter Planck, Das römische Walheim. Ausgrabungen 1980–1988 (1991).
Heft 19 ... mehr als 1 Jahrtausend ... Leben im Renninger Becken vom 4. bis 12. Jahrhundert (1991).
Heft 20 Martin Kempa, Antike Eisenverhüttung auf der Ostalb (1991).
Heft 21 Judith Oexle, Der Ulmer Münsterplatz im Spiegel archäologischer Quellen (1991).
Heft 22 Rolf-Heiner Behrends, Erdwerke der Jungsteinzeit in Bruchsal (1991).
Heft 23 Ilse Fingerlin, Freiherr Wilhelm Hermann von Orscelar. Die ungewöhnliche Bestattung in der Durbacher Pfarrkirche (1992).
Heft 24 Pfullingen. Zeugen der Geschichte. Bedrohung – Erforschung – Erhaltung (1992).
Heft 25 FundMengen. Mengen im frühen Mittelalter (1994).

(weitere Hefte in Vorbereitung)